中国经济文库·应用经济学精品系列（二）

中国上市公司债务期限结构研究

——短期债务主导的成因、后果及优化对策

王东静◎著

A Study on Debt Maturity Structure of Listed Companies in China

—Causes and Consequences of the Large Proportion of Short-term Debt and the Optimizing Strategies of Debt Maturity Structure

中国经济出版社
CHINA ECONOMIC PUBLISHING HOUSE
北京

图书在版编目（CIP）数据

中国上市公司债务期限结构研究：短期债务主导的成因、后果及优化对策 / 王东静著 . --北京：中国经济出版社，2023.10

ISBN 978-7-5136-7506-2

Ⅰ.①中… Ⅱ.①王… Ⅲ.①上市公司-债务-研究-中国 Ⅳ.①F279.246

中国国家版本馆 CIP 数据核字·(2023) 第 185977 号

责任编辑　张利影
责任印制　马小宾
封面设计　华　子

出版发行　中国经济出版社
印 刷 者　北京科信印刷有限公司
经 销 者　各地新华书店
开　　本　710mm×1000mm　1/16
印　　张　12.5
字　　数　200 千字
版　　次　2023 年 10 月第 1 版
印　　次　2023 年 10 月第 1 次
定　　价　86.00 元
广告经营许可证　京西工商广字第 8179 号

中国经济出版社 **网址** www.economyph.com **社址** 北京市东城区安定门外大街 58 号 **邮编** 100011
本版图书如存在印装质量问题，请与本社销售中心联系调换（联系电话：010-57512564）。

摘　要

我国一些大型集团公司深陷财务危机而不能自拔的事件，使得公司债务期限结构问题受到越来越多的关注。长期以来我国上市公司债务融资中短期负债居主导地位，约占总负债的86%，而法国、德国、英国和美国的公司短期债务比例分别约为40%、43%、53%和28%。那么，我国这种短期债务主导型的债务期限结构是如何形成的，它会造成什么后果，优化对策是什么？这些是本书的主要研究问题。

针对上述问题，国内已积累了一些相关文献，但是这些文献的研究焦点集中在公司自身特点对债务期限结构的影响上，而对于行业条件、宏观制度环境与公司债务期限结构关系的研究甚少，对债务期限结构可能造成的后果几乎没有涉及。本书则系统地研究了我国上市公司短期债务主导型债务期限结构的成因、后果及优化对策。本书的研究对我国的债务管理理论研究、监管机构的政策制定、上市公司的融资决策、债权人的信贷决策等都具有重要的理论价值和现实意义，它不仅可以为企业经营者进行债务融资决策提供较好的理论依据，也可以为债权人或外部投资者提供合理判断企业偿付能力和投资价值的参考标准，它还可以为监管者监控由企业偿付危机带来的金融风险提供参考依据。

本书的研究思路：首先，从公司自身特点、行业条件、宏观制度环境三个递进层面分别对我国上市公司债务期限结构的影响因素进行实证检验，并综合三个层面的实证结果总结出我国上市公司债务期限结构成因的结论；其次，根据文献研究，着重从违约风险和投资效率两方面探讨债务期限结构对公司价值的影响，并延伸讨论短期债务主导型债务期限结构对金融系统安全可能造成的后果；最后，提出债务期限结构的优化对策建议。全书研究内容具体如下：

第一个层次（第2章、第3章）：主要研究我国上市公司短期债务主导型债务期限结构的成因。实证结果表明：公司自身特点、行业条件及宏观制度环境对我国公司债务期限结构都有影响，上市公司短期债务比例偏高的状况是公司和债权人的博弈结果，是对目前我国利率市场化程度不高、债券市场不发达、破产机制不完善等宏观环境的反映。具体来说：①我国上市公司债务期限与盈利能力、负债比率、公司规模呈正相关，而与成长性呈负相关，这符合代理成本假说的理论预期，表明在我国目前的经济、法律环境下，缓解债务人与债权人的代理冲突是公司债务期限决策的主要影响因素。当债权人预期在现有的宏观环境下资金的安全性得不到有效保障，或者是债务人认为举借长期债务的代理成本较高时，缩短债务期限对于双方来说则是降低融资成本和信贷风险的有效手段。因此，我国公司短期债务比例偏高是企业和债权人在目前宏观环境下的博弈结果。②我国公司短期债务比例与市场集中度、产品差异度呈负相关，而与行业需求、成本的变动呈正相关，反映了在目前融资环境下，公司利用长期债务参与市场竞争的条件和意识还不足，较多的短期债务被使用以满足资金流动性需求。③实证结果证实了利率决定机制、利率期限结构、通货膨胀、法律制度等宏观变量对公司融资行为有显著影响，发达而完善的经济、法律体系有利于公司获得长期债务资金，优化债务期限结构。

第二个层次（第4章、第5章）：主要研究我国上市公司短期债务比例过高可能给公司带来的违约风险以及投资效率和金融系统安全问题。本书利用复合期权理论构建模型，通过数据模拟和实证检验，得到结论：在资产风险水平、负债比率等因素一定的情况下，短期债务比例与违约概率呈类“U”形关系，即基于风险规避角度的最优债务期限结构是存在的。我国公司短期债务比例普遍过高，处于“U”形关系图右半边的递增部分，继续提高短期债务比例会使公司的违约概率进一步增加，从而引发银行坏账增加、社会信用体系脆弱等连锁反应。

本书利用“或有债权”分析法构建债务期限结构与投资效率的理论模型，并通过数据模拟和实证检验，得出结论：投资非效率程度与短期债务比例呈类“U”形关系，即债务期限结构较为均衡时，投资非效率程度较低；债务期限结构与投资效率之间不是简单的线性关系，它们的关系在很大程度上依赖项目风险水平。具体到我国上市公司，短期债务比例与投资非效率程度呈正相关，较高的短期债务比例会引起较大的投资扭曲；短期债务主导型债务期限结构使得公司在面对较高和中等风险项目时表现出过度投资倾向，而面对低风险项目，则表现出投资不足倾向。

因此，目前我国公司债务期限结构是不合理的。在微观层面上，它加大了公司的财务风险，扭曲了公司的投资行为，降低了公司价值；在宏观层面上，它弱化了金融信用体系，降低了资金配置效率，易引起经济金融危机。

第三个层次（第6章）：主要讨论优化我国公司债务期限结构的政策建议。政府应大力发展债券市场、融资租赁市场，使公司拥有更为便利的长期债务资金的融资渠道；加快利率市场化改革，积极发展信息咨询服务业，为债务合理定价创造良好的外部环境；加强社会信用体系建设，完善《公司法》《破产法》的相关内容，建立有限责任例外制度、债权人自治制度和从属公司债权人保护制度，从而有效保护债权人权益；进一步完善上市公司治理准则，督促公司在董事会下设立债务决策委员会，提高公司进行债务期限结构管理的意识和决策水平。

本书的主要创新如下：

一是构建短期债务比例与违约风险关系的理论模型，并提出二者呈类“U”形关系的结论。

大部分相关文献研究的是债务期限与违约风险的关系，它们或者指出长期债务的违约概率大，或者指出短期债务的违约概率大，但是在现实中，公司债务通常不是由单一性质的长期或短期债务组成，而是由长、短期债务共同构成的，因此研究债务结构比例与企业违约风险的关系更具有现实意义。本书创造性工作表现在：利用期权理论构建短期债务比例与违约风险关系的理论模型；通过数据模拟得出公司短期债务比例与违约风险呈类“U”形关系的结论；在实证研究的基础上揭示我国目前上市公司短期债务比例过高的状况蕴含着较大违约风险。

二是构建短期债务比例与投资效率关系的理论模型，并提出了二者的关系在很大程度上依赖投资项目风险水平以及投资非效率程度与短期债务比例呈类“U”形关系的结论。

现有的相关文献多数研究的是资本结构与投资效率的关系，对债务期限结构与投资效率关系的研究甚少。本书创造性工作表现在：利用“或有债权”分析法构建短期债务比例与投资效率关系的理论模型；通过数据模拟得出结论：债务期限结构与投资效率之间不是简单的线性关系，它们的关系在很大程度上依赖项目风险水平，而投资非效率程度与短期债务比例呈类“U”形关系；利用动态自回归模型对投资效率变量进行度量，检验其与债务期限结构的关系，证明我国公司短期债务主导型债务期限结构易引起较大的投资扭曲。

三是通过实证研究验证利率市场化对我国公司融资行为有显著影响。

利率市场化对企业融资行为的影响受到了学者、官员、企业家的多方关注，但是目前的讨论停留在定性分析的层面，没有用实证的方法来揭示我国利率市场化前后企业融资行为的变化。本书创造性工作表现在：运用协方差分析模型对我国上市公司在利率市场化前后的负债比率和债务期限结构的变化进行实证研究，证明了利率市场化对我国上市公司的融资行为有显著影响。

目 录

第1章　绪论 …………………………………………………………… (1)

1.1　研究背景和意义 ……………………………………………… (1)

1.1.1　研究背景 ………………………………………………… (1)

1.1.2　研究意义 ………………………………………………… (3)

1.2　研究文献回顾 ………………………………………………… (4)

1.2.1　公司债务期限结构的代理成本假说 ……………………… (4)

1.2.2　公司债务期限结构的信号传递假说 ……………………… (8)

1.2.3　公司债务期限结构的税收假说 ………………………… (11)

1.2.4　公司债务期限结构的竞争战略假说 …………………… (13)

1.2.5　其他债务期限结构假说 ………………………………… (15)

1.2.6　债务期限结构与公司价值的关系 ……………………… (18)

1.2.7　国内研究现状及述评 …………………………………… (20)

1.3　基本概念界定 ……………………………………………… (23)

1.3.1　债务期限结构 …………………………………………… (23)

1.3.2　投资效率 ………………………………………………… (23)

1.3.3　代理成本 ………………………………………………… (24)

1.3.4　违约风险 ………………………………………………… (24)

1.4　主要内容与章节安排 ……………………………………… (24)

1.5　主要创新点 ………………………………………………… (28)

第2章　基于公司特点的中国上市公司债务期限结构成因研究 ………… (30)

2.1　引言 ………………………………………………………… (30)

2.2　中国上市公司债务期限结构现状 ………………………… (32)

2.2.1　中国上市公司债务期限结构的时序特征 ……………… (32)

2.2.2 中国上市公司债务期限结构的行业特征 …………………… (36)
2.2.3 中国上市公司长、短期债务主要融资渠道 …………………… (38)
2.3 公司特点与中国上市公司债务期限结构 …………………… (39)
2.3.1 公司特点与债务期限结构关系的理论分析及研究假设发展 …………………… (39)
2.3.2 不同债务期限结构的公司特点对比——独立样本非参数检验 …………………… (46)
2.3.3 公司特点与上市公司债务期限结构关系的计量模型检验 …………………… (49)
2.4 本章小结 …………………… (53)
第3章 基于行业条件、宏观制度的中国上市公司债务期限结构成因研究 …………………… (54)
3.1 引言 …………………… (54)
3.2 行业条件、竞争行为与公司债务期限结构 …………………… (57)
3.2.1 研究假设发展 …………………… (57)
3.2.2 实证研究设计 …………………… (59)
3.2.3 不同债务期限结构公司的行业市场条件对比 …………………… (64)
3.2.4 固定效应回归模型估计结果分析 …………………… (66)
3.3 利率市场化与中国上市公司债务期限结构 …………………… (69)
3.3.1 利率市场化对企业融资影响的文献回顾 …………………… (69)
3.3.2 实证研究设计 …………………… (71)
3.3.3 协方差分析模型（ANCOVA）估计结果 …………………… (77)
3.4 公司债务期限结构的国际对比分析 …………………… (83)
3.4.1 金融体系对公司债务期限结构的影响 …………………… (88)
3.4.2 法律体系对公司债务期限结构的影响 …………………… (88)
3.4.3 税收制度对公司债务期限结构的影响 …………………… (89)
3.4.4 机构投资者状况对公司债务期限结构的影响 …………………… (89)
3.4.5 信息服务组织对债务期限结构的影响 …………………… (90)

3.5 本章小结 …………………………………………………………… (90)
第4章 公司债务期限结构与违约风险 ……………………………… (92)
4.1 引言 ………………………………………………………………… (92)
4.2 公司债务期限结构与违约风险的理论模型 ……………………… (94)
4.2.1 假设条件 ……………………………………………………… (94)
4.2.2 模型推导 ……………………………………………………… (96)
4.3 公司债务期限结构与违约风险的比较静态分析 ………………… (100)
4.3.1 基于不同资产风险的债务期限结构与违约概率的关系 ……………………………………………… (100)
4.3.2 基于不同负债水平的债务期限结构与违约概率的关系 ……………………………………………… (102)
4.4 公司债务期限结构与违约风险的实证研究——基于中国上市公司数据 ……………………………………… (104)
4.4.1 研究假设、数据选择与变量定义 …………………………… (104)
4.4.2 潜在违约组和对比组样本的变量均值差异显著性检验 ……………………………………………… (106)
4.4.3 回归模型设定 ………………………………………………… (108)
4.4.4 Logit 模型回归结果分析 …………………………………… (109)
4.5 延伸讨论：公司债务期限结构与金融系统风险 ………………… (111)
4.6 本章小结 …………………………………………………………… (112)
本章附录 A ……………………………………………………………… (114)
本章附录 B ……………………………………………………………… (117)
第5章 公司债务期限结构与投资效率 ……………………………… (119)
5.1 引言 ………………………………………………………………… (119)
5.2 公司债务期限结构与投资效率的理论模型 ……………………… (121)
5.2.1 研究假设 ……………………………………………………… (121)
5.2.2 模型推导 ……………………………………………………… (123)

5.3 公司债务期限结构与投资效率的比较静态分析…………………………………………（124）
5.3.1 基于不同项目风险的公司债务期限结构与投资效率的关系………………………………（124）
5.3.2 基于不同负债水平的公司债务期限结构与投资效率的关系………………………………（128）
5.4 公司债务期限结构与投资效率的实证研究——基于中国上市公司数据…………………（130）
5.4.1 相关文献评述与研究假设…………………………（130）
5.4.2 实证研究设计…………………………………（132）
5.4.3 实证结果分析…………………………………（138）
5.4.4 投资非效率程度与公司绩效的关系………………（141）
5.5 本章小结……………………………………………（142）
本章附录 ………………………………………………（144）
第6章 中国上市公司债务期限结构的优化对策建议 ………（146）
6.1 拓宽长期债务资金的融资渠道……………………………（146）
6.1.1 大力发展债券市场…………………………………（146）
6.1.2 积极发展融资租赁业………………………………（149）
6.2 完善债务合理定价的外部环境……………………………（152）
6.2.1 加快利率市场化改革………………………………（152）
6.2.2 积极发展信息咨询服务业…………………………（155）
6.3 加强债权人权益保护……………………………………（157）
6.3.1 完善《公司法》和《破产法》的相关内容 …………（157）
6.3.2 加强社会信用体系建设……………………………（161）
6.4 提高公司管理债务期限结构的意识和决策水平…………（164）
6.5 本章小结……………………………………………（166）
第7章 结论与展望 ……………………………………（168）
7.1 主要结论……………………………………………（168）

7.1.1 关于我国上市公司短期债务主导型债务期限结构成因的结论 …………………………………………… (168)
7.1.2 关于我国上市公司短期债务主导型债务期限结构所引起后果的结论 ……………………………… (170)
7.1.3 政策建议 ……………………………………………………… (171)
7.2 研究局限 ………………………………………………………… (171)
7.3 进一步研究展望 ………………………………………………… (172)
参考文献 ……………………………………………………………… (174)
索 引 …………………………………………………………………… (187)
致 谢 …………………………………………………………………… (188)

第1章　绪论

1.1　研究背景和意义

1.1.1　研究背景

我国一些大型集团公司深陷财务危机而不能自拔，并且有可能进一步演化成金融危机，这使得公司债务期限结构问题受到极大的关注。目前，我国大多数上市公司债务融资中短期负债居主导地位，平均约占总负债的86%，而法国、德国、英国和美国的公司的短期债务的比例分别约为40%、43%、53%和28%。我国这种短期债务主导型债务期限结构的成因是什么，它会产生怎样的后果，治理的措施是什么？这是本书研究的主要问题。随着我国债券市场的发展，公司对债务期限管理的意识会逐步增强，对债务结构决策理论指导的需求也会与日俱增，因此，本书的研究有着较强的现实意义。

从20世纪50年代MM定理诞生以来，公司融资决策理论取得了很大的进展，研究内容逐步从最基本的杠杆比率转向更加细致的债务结构特征，如回购权、偿债基金、债务期限结构（debt maturity structure）、债务优先权结构等。传统资本结构理论主要考察企业负债比率的影响因素及最优债务比率选择，而债务期限结构理论是要讨论企业债务期限结构的成因及其对公司价值的影响，合理的债务期限结构有助于公司降低违约风险、减少融资成本、避免非效率投资行为。

目前，国外有大量文献分别从代理成本、信号传递、税收收益、市场竞争及宏观制度等方面研究了公司债务期限的影响因素。Myers（1977）在《公司债务融资的决定因素》中首次提出公司债务期限决策需要考虑债务人与债权人的代理冲突，长期债务容易引起公司投资不足，而缩短债务期限则可以减少代理成本，降低公司进行次优投资的可能性。接着，Barnea、Haugen和Senbet（1980）研究了Jensen、Meckling（1976）所提出的债务人与债权人代理冲突的另一个表现形式——“资产替代”① 与债务期限的关系，他们亦指出缩短债务期限是治理该代理冲突的有效手段。

此后，Flannery（1986）、Diamond（1991）从规避事前信息不对称所引起的“逆向选择”成本的角度，即信号传递的角度，解释了公司债务期限选择。Flannery（1986）指出长期债务面临更高的不确定性，因此它比短期债务更容易被错误定价，但短期债务的交易成本较高，根据二者对比情况，公司债务期限决策会出现混同均衡或分离均衡，即质量好的公司和质量差的公司都会选择短期债务，或者质量好的公司选择短期债务，质量差的公司选择长期债务。Diamond（1991）指出短期债务虽然具有“信息更新性”，它允许期中重新制定融资条款，及时利用更多的新信息以提高信用级别及减少错误定价的损失，但是它会带来流动性风险，即当债权人不愿提供再融资，公司会面临被迫进行清偿，丧失当前或未来的现金流和对项目的控制权租金（control rent）的风险（Diamond，1991）。公司的债务期限选择就是在短期债务所可能带来的信用等级的改善与带来的流动性风险之间的权衡。

与以上基于信息不对称问题进行债务期限研究的学说流派平行发展的另一学说是税收收益假说。Boyce和Kalotay（1979）指出由于债务人与债权人存在税率差别，当利率期限结构上升时，一个高税率的债务人和一个低税率的债权人就可从递减的利息支付中共同受益，此时高税率的债务人发行长期债务是最优的。Constantinides（1983），Kim、Mauer和Stohs（1995）认为证券投资收益课税时机亦有可能影响公司债务期限选择，他们指出长期债务有

① 资产替代是指负债公司股东以低风险投资项目为保证来发行所谓的“低风险”债务，去从事高风险投资，借此实现财富从债权人向股东的转移。

利于课税时机期权价值的提高。

后来，学者注意到不同行业公司的债务期限结构有很大差别，由此开始关注行业条件与债务期限结构的关系。Emery（2001）、Kanatas 和 Qi（2001）、Dusgyupta 和 Titman（1998）、Erol（2005）研究表明，市场需求周期、市场结构、行业成本条件都会影响公司债务期限决策。

直到最近，公司债务期限结构的国际差别引起了广泛的关注。La Porta、Lopez-de-Silanes、Shleifer 和 Vishny（1998），Demirgüç-Kunt 和 Maksimovic（1999），Titman、Fan 和 Twite（2003）研究表明，法律体系、金融市场的发达程度、税收制度、实际 GDP 增长率、通货膨胀率、经济周期、机构投资者的发达程度都会对公司的债务融资决策产生影响，这些是解释公司债务期限结构国际差别的主要依据。事实上，经济状况、金融法律制度通过影响债务人与债权人之间的交易成本，进而影响公司债务结构决策。

国外文献的研究结论是在国外的经济金融制度背景下得出的，是否可以直接用来解释我国的经济现象还有待于进一步考证。国内关于公司债务期限结构的研究刚刚起步，研究焦点集中在公司自身特点对债务期限结构的影响上，对行业条件、宏观制度环境与公司债务期限结构关系的研究甚少，对短期债务主导型债务期限结构可能造成的后果几乎没有涉及。因此，本书还有较多的研究空间和研究价值。

1.1.2　研究意义

在学术界和实务界呼吁大力发展企业债的今天，本书的研究具有较强的现实意义。它不仅可以为企业经营者进行债务融资决策提供较好的理论依据，为外部的融资者或投资者提供合理判断企业偿付能力和投资价值的参考标准，还可以为监管者监控由企业偿付危机带来的金融风险提供参考依据。

具体地讲：一是本书的研究有助于公司深入了解债务期限结构的影响因素及其与公司价值的关系，使其避免因债务期限决策的错误而造成好项目无效率清算或陷入财务危机，节约其债务融资成本，为其做出正确的融资决策提供依据。二是本书的研究还有助于金融机构或投资者更深入地了解公司债务融资的决策行为，促进其提高监督和鉴别借款申请者的效率，为其选择贷款或投资对象及进行合理债务定价提供决策依据。三是本书的研究还有助于监管部门了解公司债务期限选择背后的宏观制度原因，对其出台金融改革措施有一定的启发意义。

此外，本书的研究还有一定的理论意义：一是拓展了现有文献对我国上市公司债务期限结构成因研究的视角，从公司自身特点、行业条件、宏观制度环境三个递进层面对我国上市公司债务期限结构的影响因素进行了实证检验，提出了目前我国公司短期债务主导型债务期限结构是公司和债权人博弈的结果，是对目前我国利率未市场化、债券市场不发达、破产机制不完善等宏观环境反映的结论。二是构建债务期限结构与违约风险、投资效率关系的理论模型，提出了公司短期债务比例与违约风险、投资非效率程度呈类“U”形关系及债务期限结构与投资效率之间的关系在很大程度上依赖项目风险水平的结论。

1.2 研究文献回顾

1.2.1 公司债务期限结构的代理成本假说

债权人与债务人之间存在信息不对称，债权人对债务人的信用级别、投资项目质量、现金流等方面无法拥有充分的信息。根据信息不对称理论①，事前的信息不对称会导致逆向选择问题，当债权人以平均价格给债务定价，高质量的公司因此而蒙受债务错误定价（mispricing）的损失，为了避免损失，高质量的公司会利用诸如债务期限、可转债等融资工具来传递自身质量的信息，以获得较为合理的定价。事后的信息不对称会导致债务人的道德风险问题，债权人在预料到债务人举债后出现的败德行为给自己造成损失时，就会提高债务定价、在债务合同中规定更多的限制性条款、要求债务人披露更多的信息等，这些构成了公司需承担的代理成本，合理的债务期限选择可以避免这些成本。负债引起的代理冲突通常表现在以下两个方面：一是资产替代效应；二是投资不足效应。

1.2.1.1　“资产替代”（asset substitution）与债务期限选择

根据 Black-Scholes 期权定价模型，公司股权可以看成以公司资产价值为标的，以债务面值为执行价的看涨期权，资产风险越大，则股权价值越高，负债公司股东会有以低风险投资项目为保证来发行所谓的“低风险”债务，去从事高风险投资的倾向，借此实现财富从债权人向股东的转移，这被称作债务的“资产替代”效应（Jensen and Meckling，1976）。然而，理性的债权人在事前会预料到公司的这种行为，他们会直接要求降低债务的发行价格（提高债务资金的成本），或者要求在债务合同中加入各种限制性条款。这无疑增加了公司的融资成本。

当市场没有有效的机制来解决债务人与债权人之间的代理冲突时，复杂

---

①　信息不对称是指某些参与人拥有信息［知情者（informed player），或代理人（agent）］，而另一些人则不拥有或拥有不充分信息［不知情者（uninformed player），或委托人（principal）］。信息不对称和相应发生的信息成本影响到市场机制运行的结果，影响到市场均衡状态和经济效率。信息的非对称性可以从两个角度划分：一是非对称发生的时间，二是非对称信息的内容。从非对称信息发生的时间看，非对称性可能发生在当事人签约之前也可能发生在签约之后，研究事前非对称信息博弈的模型称为逆向选择模型（adverse selection），研究事后的非对称信息博弈的模型称为道德风险模型（moral hazard）。从非对称信息的内容看，非对称信息可能是指某些参与人的行动（action），也可能是指某些参与人的知识（knowledge），研究不可观测行动的模型称为隐藏行动模型（hidden action），研究不可观测知识的模型称为隐藏信息模型（hidden information）（张维迎，1996）。

的金融工具就会诞生，缩短债务期限或者发行可赎回债券就可以有效解决上述代理冲突（Barnea，Haugen and Senbet，1980；Duffie and Singleton，1999）。由于短期期权对资产收益分布的方差不敏感，因此短期债务价值受公司收益的波动性影响也较小，公司选择高风险项目就不会对股权和债权价值产生大的影响（Marr and Ogden，1989）。

1.2.1.2 “投资不足”（underinvestment）与债务期限选择

公司在举债后，会放弃一些对公司价值有贡献的投资，因为这些投资使债务价值增加较多而使股权价值增加甚微，这就是“投资不足”问题。这种次优投资决策是以债务人的利益为代价获得短期收益，但长期也会使公司价值受损（Myers，1977；Green，1984）。债权人与公司都会采取一定措施来避免这个问题，例如，订立条件更严格的债务合同、聘请第三方监督、不断进行谈判等，这些代理成本会大大加重公司的负担。缩短债务期限则是一种比较可行和廉价的方法，当债务在投资决策做出前到期，专业的债务市场可以有效地监督公司的经营活动，未清偿的短期债务在资产组合出现变化时会很快被重新定价，因而股东的边际投资选择对其价值的影响很小。

Myers（1977）着重考察了公司价值完全由增长期权价值构成的公司融资决策，结果发现，增长机会较多的公司，面临更多投资决策，公司的投资不足现象会更严重，所以，此类公司通常有较低的负债率和较多的短期债务。

1.2.1.3 经理与股东间代理冲突与债务期限选择

有着利益冲突的经理与股东也存在信息不对称问题，个人利益最大化的经理可能会为了扩大收益而营造“企业帝国”，进行非效率投资。Stulz（1990）提出，要使债务期限与公司现金流的时间分布相匹配，这样可以减少经理每期控制的自由现金流的数量，抑制其过度投资（overinvestment）倾向，同时也避免了由于股东对经理的不信任而过度拒绝经理的投资需求所造成的投资不足。Myers 和 Rajan（1998）认为，若公司拥有过多的流动资产，经理更可能进行非效率投资，影响公司的外部融资，但若使用短期债务，则经理的经营决策会周期性地受到外部市场监督，这样可以有效地控制代理冲突。

而 Hart 和 Moore（1995）则认为长期债务才是解决这种代理冲突的有效措施。他们构建了两期模型，基于证券持有者利益最大化，并考虑经理的投资选择，得出最优融资决策是，公司不使用短期债务，全部使用长期债务。他们得出此结论的关键假定：第一期后公司继续经营的价值超过清算价值。只有选择零短期债务，才能最大可能地避免清算，增加证券持有者利益。

1.2.1.4　代理成本与其他变量的综合模型

Leland（1998）试图把 MM 理论和 JM（Jenson-Meckling）理论结合起来解释公司资本结构与债务结构的确定。MM 理论强调了避税收益与破产成本在决定杠杆比率时的重要性，JM 理论则强调了债权在企业决定投资风险时的重要作用，“资产替代”问题的存在使得债务融资大大影响公司事后投资项目的风险选择，因此，破产成本应是内生的，是依赖债务数量与期限选择的，这不同于以往文献把破产成本作为外生的这一假定，这是 Leland 文献的最大特点。作者认为长期债务可以更好地利用避税收益，而短期债务更容易控制代理成本，减少破产风险，公司债务数量与期限的选择是在避税收益与破产成本、代理成本之间的权衡。

代理成本假说提出以后，不少学者对其进行了实证检验。

Barclay 和 Smith（1995）较早对代理成本假说进行了全面的经验检验，他们运用存量方法①，使用 COMPUSTAT 数据库中产业公司 1974—1992 年的数据对主要债务期限理论一一做了检验。在检验代理成本假说时，他们采用市价账面比率（Market-Book Ratio，后文简称 M/B）作为衡量增长机会的指标，以虚拟变量表示公司是否受管制，以 1972 年美元表示的公司市场价值的自然对数衡量公司规模。回归结果显示市价账面比率的系数为负并且高度显著，

---

①　现有文献对债务期限结构的度量方法有两大类：①资产负债表法（存量法）；②增量方法。资产负债表法是把债务期限定义为长期债务占总债务的比例（Braclay and Smith，1995），或公司债务项目的加权平均期限（Kim，Mauer and Stochs，1995；Stohs and Mauer，1996）；增量方法是把债务期限定义为债务工具发行的期限（Mitchell，1993；Guedes and Opler，1996；Elyasiani，Guo and Tang，2002）。增量法多用于检验信号传递假说，而存量法适用稍广一些。

表明有较多增长机会的公司显然拥有较少比例的长期债务，与增长机会的代理成本假说一致；衡量监管的虚拟变量显著为正，表明受管制的公司的平均债务期限较长，也符合代理成本假说；公司价值的自然对数的系数也显著为正，表明大公司的债务期限较长，与代理成本假说假定大公司债务代理成本较小从而债务期限较长的观点一致。Titman 和 Wessels（1988），Gilson、Kose 和 Larry（1990），Stohs 和 Mauer（1996），Ozkan（2000）的研究也都得到了类似的结果。Johnson（2003）对增长机会、财务杠杆和债务期限三者的关系做了进一步研究，通过经验事实论证了缩短债务期限可以减轻增长机会对财务杠杆的抑制作用，从而对于增长机会较多的公司来说，使用短期债务可以增大最优杠杆率，使公司既可以避免债权融资造成的投资不足，又可以充分利用债权融资的优势。事实证明，增长机会多的公司往往具有较低的杠杆比率、较多的短期债务，这说明短期债务不能完全解决“资产替代”和“投资不足”问题，主要因为较多地使用短期债务会带来流动性风险，因此公司在进行债务期限选择时要做一个收益与风险的权衡。

1.2.2 公司债务期限结构的信号传递假说

Stiglitz、Myers 和 Majluf 等提出公司融资结构的信号意义，并进行深入研究。而真正考察公司债务期限决策的信号意义，指出公司会出于避免债务错误定价损失而进行债务期限选择的学者是 Flannery（1986），Diamond（1991），Kale 和 Noe（1990），Goswami、Noe 和 Rebello（1995）等。

1.2.2.1 基于交易成本的博弈均衡

公司在对债务进行融资时，投资者的谈判成本、向投资者披露信息的成本以及债券发行的成本等这些交易成本的存在大大影响了债务人与债权人间的博弈均衡（Flannery，1986），也影响了公司债务期限选择。由于长期债务面临更高的不确定性，因此它比短期债务更容易被错误定价，但短期债务的交易成本较高。当高质量公司选择长期债务所引起的错误定价损失大于选择短期债务带来的交易成本时，它就会选择短期债务，以使自己区别于差公司；相应地，差公司选择短期债务的交易成本大于选择长期债务冒充好公司的错误定价所得，它会选择长期债务。因此，债务人与债权人博弈出现分离均衡。当公司的信息不对称程度不高时，仍会出现短期债务的混同均衡（Ferdinand and Goodwin，2010）。

1.2.2.2　基于两期公司价值相关性的博弈均衡

在交易成本很低或不存在的情况下（如商业信用的交易成本就比较低），基于价值最大化的公司又会如何选择债务期限呢？Kale 和 Noe（1990）构造了多期模型，他们的模型并没有假设交易成本的存在，而是加入了公司的价值改变在两期中存在正相关这一条件。好的公司项目如果在第一期有高产出，则在第二期仍然有高产出的概率会大于第一期；如果在第一期有低产出，则在第二期有高产出的概率会低于坏企业，好公司被定义为具有期初最高净现值的公司。他们提出存在好公司选择短期债务、差公司选择长期债务的分离均衡，均衡的存在取决于两类公司的长期失败概率。

1.2.2.3　基于流动性风险（liquidity risk）的博弈均衡

短期债务具有“信息更新性”，它允许期中重新制定融资条款，及时利用更多的新信息以提高信用级别及减少错误定价的损失，但是它会带来流动性风险，即当债权人不愿提供再融资，公司会面临被迫进行清偿，丧失当前或未来的现金流和对项目的控制权租金（control rent）的风险（Diamond，1991）。公司的债务期限选择就是在短期债务所可能带来的信用等级的改善与带来的流动性风险之间的权衡。因此，信用级别高的公司选择短期债务是有利的，而信用级别稍低的公司由于流动性风险较大，选择长期债务是有利的（Gilchrist and Zakrajšek，2012），而对于信用级别最低的公司而言，由于无法进入长期债务市场而不得不选择短期债务。信用级别与债务期限呈“U”形关系。此外，Diamond（1991）还给出了公司最优债务期限结构比例的表达式。

1.2.2.4 基于公司现金流时间序列特性的博弈均衡

Goswami、Noe 和 Rebello（1995，1997）引入了现金流的信息不对称在时间分布上的差别对公司债务期限选择的影响。他们认为债务期限、利息支付和股利限制条款可以简洁地根据不对称信息的时间分布来解释，而不必求助于任何市场摩擦，如交易成本、税收及代理冲突。他们认为：当信息不对称主要集中在长期现金流上时，公司将选择部分限制股利支付的附息票的长期债务。因为短期债务虽然具有“信息更新性”，可以避免债务错误定价损失，但是它还有“长期现金流依赖性”（短期负债的违约贴水更多地依赖长期而不是短期现金流），当长期现金流信息不对称程度较高时，使用短期债务的错误定价的损失会很高，选择有契约保护的长期债务是较优的。当信息不对称主要集中在短期现金流上，同时存在较高的再融资风险，公司将选择股利支付无限制的附息票的长期债务；当公司对长短期现金流具有同等程度不确定性时，它将选择短期债务。同时，他们还提出信息不对称时间分布差别的代理变量：公司规模、项目建成年限、行业特点、会计报表严格程度。

下面介绍信号假说的实证检验情况。

Mitchell（1993）使用一个条件对数模型（CLM）对债务期限进行经验研究，发现信息不对称较严重时，公司倾向于选择短期债务。Mitchell（1993）选用了三个变量来度量发行公司的信息不对称程度，分别是收益留存率（RETAIN）、可转换债券占长期债务的比例（CVDEBT）和虚拟变量（EXCH）（如果债券发行公司的股票在纽约证券交易所交易并且被包含在标准普尔 400 家公司中，那么 EXCH=0，反之 EXCH=1，表明信息不对称较为严重）。这三个变量与信息不对称程度呈正向关系。他用虚拟变量 T 衡量债务期限，对于 20 年以上的长期债务，T=0；对 10~20 年的中期债，T=1；对小于 10 年的短期债务，T=2。检验结果显示，上述三个变量的系数为正，支持了信号假说。Barclay 和 Smith（1995）将债券评级由高到低分别赋值 1~27，回归结果发现债券评级变量的系数显著为正，表明评级低的公司倾向于发行长期债务；但是统计显示无评级公司（通常是信用地位最低的小公司）拥有更多的短期债务。这样债务期限与信贷评级呈非单调关系，证明了 Diamond（1991）的观点。Stohs 和 Mauer（1996）对信号理论的检验得出了相同的结果。

但 Guedes 和 Opler（1996）考察 1982—1993 年新发债券期限的决定因素时发现，债券发行后公司股价上升与新发债券期限之间在统计上不存在显著关联。而信号理论认为高质量的公司会通过发行短期债务来提示市场，因而发行后股票价格会出现非正常上涨，经验证据与理论预期不符。得出不支持结果的还有 Elyas Elyasiani、Linguo 和 Liang Tang（2002），以每股收益变化衡量的公司质量对债务期限的系数估计不显著。总的说来，信号传递假说得到一定的实证支持。

1.2.3　公司债务期限结构的税收假说

部分文献是从税收收益最大化角度来解释公司债务期限选择行为的。它们分别结合利率期限结构、破产成本和课税时机期权来论证公司最优债务期限选择。

1.2.3.1　利率期限结构、税收和债务期限选择

Boyce 和 Kalotay（1979）证明了如果个人与公司所得税不同，且利率的期限结构不是平的，则利率期限结构将会影响债务的税后成本，即债务的避税收益不是独立于债务期限的。特别地，他们发现当利率期限结构上升时，一个高税率的债务人和一个低税率的债权人就可从递减的利息支付中共同受益，此时高税率的债务人发行长期债务是最优的，即公司实际税率与债务期限呈正相关。这个结果是由假定无风险债券得到的，即公司没有破产成本。

Brick 和 Ravid（1991）在他们的模型中引入破产成本，并假定杠杆比率是恒定的，得出结论：导致最优债务期限存在的因素并不是税收和破产成本，而是差别税收政策。当公司税率高于债权人的利息所得税率时，公司的利率期限结构上升时长期债务是最优的，因为债务的税收优势被加速实现了（即与短期债务相比，长期债务在第一期支付的利息较多而在第二期支付的利息

较少）；如果公司的利率期限结构下降，那么短期债务是最优的。

Brick 和 Ravid（1991）拓展了上述模型，他们在随机利率条件下，基于利率期限结构的预期假说，得出结论：不论利率期限结构如何，长期债务都是公司的最优选择，因为在随机利率下，长期债务不仅有税收优势，更重要的是它提高了企业的举债能力并规避了利率反转的风险。但如果期限升水足够负，则短期债务会更具吸引力。

1.2.3.2 破产成本、发行成本、税率与债务期限选择

Kane、Marcus 和 McDonald（1985）利用期权估价模型研究了最优债务期限的决定。他们认为公司在进行债务期限选择时，实际是在权衡每期债务避税优势与债务发行成本和破产成本。较高的破产成本与发行成本使公司倾向于延长债务期限，而较高的避税优势，即较高的税率使公司倾向于缩短债务期限，以加速实现避税收益；较低的税率使公司倾向于延长债务期限，以确保债务的剩余税盾优势、破产净损失不低于分期发行成本。而且公司债务期限随公司价值波动性的下降而延长，因为公司价值波动性下降，破产可能性减小，公司就不必像往常那样为了降低预期破产成本而时常平衡资本结构（Rajan and Andrew，1995）。

1.2.3.3 课税时机期权（tax-timing option）与债务期限选择

基于投资者证券投资收益课税时机期权价值最大化来解释公司债务期限选择是另一部分文献关注的焦点。大多数国家的税法规定，资本利得以收付实现制为基础进行纳税，这种课税环境为证券投资者提供了有利可图的税负交易期权，投资者在损失时实现税收减让、收益时延迟税收的能力变成了一种课税时机期权，对证券头寸的价值有着非常重要的意义（Lewellen and Mauer，1988）。由于证券税收交易的价值依赖证券的特征（如期限、要求权的优先性、要求权的特定性），因此公司的融资策略对其有较大影响（Constantinides，1983）。Kim、Mauer 和 Stohs（1995）指出长期债务有利于课税时机期权价值的提高。因为期限延长时期权价值会上升，而且长期债券价格较大的

波动性也会增加债券的课税时机期权的价值。同时，他们还证明了当利率的波动性增加和利率期限结构上升时，公司会选择长期债务。他们的实证检验支持了自己的结论。

大部分经验检验都不支持税负假说，债务期限的税负效应在实践中似乎没有得到公司的重视。Stohs 和 Mauer（1996）主要检验了 Kane、Marcus 和 McDonald（1985），Brick 和 Ravid（1991）的理论预期。他们以所得税与税前收入的比率来表示公司的实际税率，以息税折旧前盈利除以资产的平均账面价值的标准差来衡量公司价值的波动性，以 10 年期国债的月末利息减去 6 个月国债的月末利息的差表示利率期限结构。回归结果不能完全支持理论预期。Elyas Elyasiani、Guo Lin 和 Liang Tang（2002）的研究与前人相似，他们也没有得到支持税收假说的经验结果。债务期限对利率差异的回归估计系数对所有公司都不显著，这意味着长期债务和短期债务利差的扩大并没有促使公司使用长期债务来充分利用税盾。Barclay 和 Smith（1995）把利率期限结构变量定义为 10 年期政府债券的月末利息减去 6 个月政府债的月末利息的利率差。回归结果显示，期限结构变量的系数显著为负，也就是说，债务期限与利率期限结构负相关，与税负假说的预期相反。

1.2.4　公司债务期限结构的竞争战略假说

基于产品市场特点和公司竞争战略来考察债务期限选择是较为新颖的角度，也是在较近时期出现的观点。根据市场需求特点、市场结构状况来研究公司价值最大化时的最优债务融资策略是此类文献的论证思路。

1.2.4.1　市场周期性需求与债务期限选择

融资行为、投资行为与产品需求三者高度相关，且有匹配的趋势，使用短期债务可以使厂商投资行为与产品需求特点更匹配（Emery，2001）。当期限升水（term premium）足够大时，有周期性市场需求的厂商使用短期债务是最优的，因为滚动短期债务融资对利息成本的节约和对利润的提高超过了它所带来的额外发行成本（flotation cost）。短期债务可以从以下几个方面影响利润：减少公司的长期边际成本（缘于边际利息成本的减少）；扩大总产出，允许在高峰期有更多的产出，较低的价格加大了产出周期性波动的幅度，但是却降低了价格周期性波动的幅度，增加了总收入和总利润（该厂商是不完全竞争者，且产品有较大的需求弹性）；增加了营运资产投入，减少了非高峰期的银根宽松（financial slack）状况，不存在超额融资，加快了资产周转速度。

1.2.4.2 市场结构与债务期限选择

在寡头竞争市场中，短期债务的使用是一把双刃剑，一方面它有诸多优势，例如，可以解决股东与经理人的代理冲突，但另一方面使公司更易于受竞争对手掠夺行为（predation）的侵害。利用信号博弈模型，Kanatas 和 Qi（2001）证明了，在厂商古诺博弈中，竞争对手不管自己是低成本类型还是高成本类型，它都会提高产出，向短期债务市场的信贷者传递自己是低成本类型的信号。信贷者据此信号预测公司第二期可能盈利甚微或没有盈利，则会拒绝向公司提供再融资，由此迫使公司进行项目清算。行业集中度越高，同时产品的需求弹性越大，竞争对手的掠夺行为使那些使用短期债务较多的公司损失越大（Gertler and Gilchrist，2018）。

1.2.4.3 行业竞争与债务期限选择

债务具有战略效应，它会对价格、产量、生产能力等产品市场竞争变量产生影响，债务战略作用的发挥依赖公司所面对不确定因素的类型、发生的时间点、债务期限结构、竞争均衡类型和产品特点（Dusgyupta and Titman，1998）。当市场需求不确定，拥有较多长期债务的公司在古诺竞争和伯川德竞争中都有和谋的倾向，即它们在第一期的定价较高或者产量较低，第二期将会以高剩余债务作为可置信威胁逼迫对手做出让步，从而增加股东剩余价值（Glazer，1994）；当生产成本不确定，在古诺竞争中，长期债务使公司更具进攻性，在伯川德竞争中会倾向于保守（Showalter，1995）。

检验产品市场特征与债务期限选择的实证文献较少，Erol（2005）用土耳其的数据检验了产品市场需求的波动性、成本的波动性及公司的实物资产与债务期限的关系，结果发现：长期债务更具有战略性质，而短期债务更倾向于是一种流动性约束融资（liquidity-constrained finance），长期债务对市场需求、生产成本的不确定有周期性的反应，而短期债务则没有此特点。

1.2.5 其他债务期限结构假说

1.2.5.1 期限匹配假说

使负债期限与资产期限相匹配是实务界和理论界都普遍认同的观点。如果债务期限短于资产期限，那么债务到期时资产还无法产生足够的现金流来偿债；如果债务期限长于资产期限，那么等到债务到期前资产已经停止了现金流入，仍旧无法偿债。期限匹配可以减少这些风险，因此成为公司减少财务危机预期成本的一种避险方式。

此外，Myers（1977）认为期限匹配可以减少股东与债权人之间的代理成本，因为期限匹配确保了负债的按期偿还，从而债权人不必要求公司签订成本高昂的限制性条款或短期债务来减少彼此冲突，从这个意义上来看，期限匹配事先降低了代理成本。Chang（1989）证明期限匹配可以使债务融资的代理成本最小化。

期限匹配还可以抵消利率不确定性效应。Mitchell（1993）认为期限匹配可以减少利率不确定性风险给股东财富造成的损失。债务期限与资产期限匹配，从而使两者存续期大致匹配。拥有短期资产（利率不敏感）的公司应该选择短期债务来隔离利率风险，因为如果资产和债务的价值都对不可预期的利率相对不敏感的话，两者的差（权益价值）也对利率不敏感，这样就使股东远离利率不确定性风险，从而可以减少利率不确定性带来的股东财富损失；反之，拥有长期资产（利率敏感）的公司则会选择长期债券。

这个原则虽然简单，但是在实际中并不容易操作，因为如信息不对称、税收、交易成本等这些市场不完备因素以及多变的宏观环境使得资产的现金流和清算价值在不断变化，资产期限本身在期初是无法完全确定下来的（Houston and Venkataraman，1994），匹配债务与资产期限也就无法实施。此外，现实中确实大量存在公司不匹配债务与资产期限的现象（Bakera，Greenwooda and Wurgler，2003）。因此，仅用债务要与资产期限相匹配原则来解释公司债务期限选择行为显然是不够的。

1.2.5.2 发行成本假说

Morris（1976）假设借款人的目标是实现预期利息成本与发行成本最小化，且公司资金的机会成本等于发行利率，所有期限政策都有相同的利息成本预期现值，这样发行成本就成为用来区分期限政策最优与否的唯一成本。在这种情况下，如果发行成本对所有期限的债务都是相同的话，那么最长期限将总是使利息和发行成本现值最小化。因为发行长期负债公司只需承担一次发行成本，而使用滚动短期债务的公司要得到同样期限的债务将承担多次相同的成本。如果发行成本是期限的增函数，那么具体的最优期限策略就要依赖发行成本的结构。一般来说利率较高时最优期限较短，利率较低时最优期限较长。这是因为当使用高折现率时，发行成本的现值降低了，短期债务策略多次付出发行成本的相对劣势被削弱或消失了。

税负假说中提到的 Kane、Marcus 和 McDonald（1985）的文章也分析了发行成本对债务期限的影响。他们的模拟结果表明，债券的发行成本越高，最优期限越长，因为需要较长的时间来分摊较高的发行成本。Fisher、Heinkel 和 Zechner（1989）认为较小规模的负债，发行成本的比例要比大规模负债的发行成本所占比例大，而发行规模通常与公司大小呈正相关。

1.2.5.3 宏观环境影响假说

经济状况、金融法律制度对公司债务期限选择也有着重要影响，它通过影响债务人与债权人之间的各种交易成本、代理成本、逆向选择成本等，进而影响公司债务结构决策。20 世纪 90 年代中后期以来，陆续出现一些特别关注宏观环境与债务期限选择的文献。它们研究了法律体系、金融体系、税收制度、经济周期、通货膨胀等对债务期限选择的影响。

法律体系的影响：法律体系的类型和内容的公正性大大影响了债务人和债权人之间的代理成本。当公司外部投资者的利益得不到法律有效保护时，更多的债务和短期限债务会被使用以起到治理作用。La Porta、Lopez-de-Silanes和Shleifer（1998）认为判例法系（common law）的国家比大陆法系（civil law）的国家能更好地保护公司外部投资者，Titman、Fan和Twite（2003），Demirgüç-Kunt和Maksimovic（1999）证明了判例法系国家的公司确实有更多的股权和期限更长的债务，同时，他们以腐败指数来测度法律体系的公正性，得出检验结果：腐败水平越高的国家，负债比率越高，债务期限越短。Giannetti（2003）利用非上市公司数据验证了，债权人利益越受到法律的有效保护，则收益波动性较大行业的公司获得的长期债务越多，且愿意投资于无形资产。

金融体系的影响：一个发达的金融体系会使金融中介或投资者有良好的信息鉴别能力，好的公司会有更多机会以合理的价格获取外部融资，尤其是长期债务融资。Demirgüc-Kunt和Maksimovic（1999）的实证研究发现：拥有发达银行部门的国家，小企业获得了更多的贷款，且期限较长；高效活跃的股票市场使公司有动机用股权代替长期债务，但同时，股票市场的信息披露机制会降低投资者面临的风险，刺激公司长期债务融资。实证检验证明，在拥有高效股票市场的国家，大公司拥有更多的长期债务，发展中国家公司的债务股权比例随着股票市场规模与活跃程度的增加而增加（Del Negro and Sims，2014）。Demirgüc-Kunt和Maksimovic（2002）没有发现证据证明以银行为主的金融体系和以证券市场为主的金融体系对公司的外部融资产生什么影响。

税收制度的影响：税收制度中关于公司股利及利息的征税规定会对公司的避税收益产生重要影响。有的国家（如中国、巴西、日本、美国等）税制中规定红利要分别征公司和个人所得税，利息可以抵税，且只征个人所得税；而有的国家只征红利的个人所得税，或者是征过公司所得税后，以折扣过的税率再征个人所得税。Titman、Fan和Twite（2003）的实证结果：红利课税越少，杠杆比率越低，对债务期限没有显著影响。

实际 GDP 增长率、通货膨胀率、经济周期的影响：Booth 等（2001）利用10个发展中国家公司的数据验证了实际 GDP 增长率与债务比例、长期债务比例呈正相关，通货膨胀率与其二者呈负相关。Demirgüç-Kunt 和 Maksimovic（1999）也证明了高通货膨胀使债务人与债权人都面临较高的风险，长期债务较少使用。Hackbarth、Miao 和 Morellec（2004）发现杠杆比率有明显的反经济周期特征，短期的债务有严格正的信用价差（credit spreads），在经济衰退期信用价差更高。

1.2.6 债务期限结构与公司价值的关系

债务期限选择确实可以影响公司价值吗？学者对该问题做了相当深入的讨论。MM 理论认为，在没有交易成本并且资本结构的选择对公司分配给股东和债权人的现金流没有影响的情况下，资本结构选择与公司价值无关，继而可以推得债务期限选择与公司价值无关（Kraus，1973）。Stigliz（1974）证明只有在不存在税收和破产成本的情况下，整个财务决策才是中性的，作为财务决策一部分的债务期限选择也是中性的。Lewis（1990）认为在一个存在税收的次完备市场中，当杠杆比率与债务期限同时决定时，债务期限选择与公司价值无关。而 Morris（1976）证明了即使不存在税收与破产可能性，债务期限也会影响公司价值，因为当公司净营运收入与短期利率呈正相关，则短期债务可以降低净营运收入的波动性，减少股东承受的风险，进而增加股权价值①。Myers（1977），Barnea、Haugen 和 Senbet（1980）引进股东与债权人间的代理成本来说明最优债务期限是存在的。Boyce 和 Kalotay（1979）、Brick 和 Ravid（1991）分别引入个人与公司所得税差别、公司间的税收待遇差别，证明了债务期限结构会影响债务税后成本，即债务的避税收益及公司价值不是独立于债务期限的。

---

① Morris 与 Stigliz 的分歧源于 Morris 的模型假定投资者不能分散各期间的风险，而 Stigliz 的模型允许各期间的风险是分散的。

从以上论述可以看出：只要资本市场是不完备的，作为融资决策一部分的债务期限选择就会影响公司价值。

Fabio Srivastava 和 Vivek Srivastava（1996）利用 1981—1989 年印度公司的财务数据，对其债务期限结构与公司绩效的关系进行了实证研究。得出结论：长期债务有助于利润率的提高和产出增加，对公司生产力提高有正面影响。究其原因：长期债务使公司有机会运用高新技术，因此有利于提高固定资本积累的质量；长期债务不会使公司在日常经营中面临营运资本短缺的情况，资本的高流动性有助于提高公司绩效。这篇文章得出的结论对我国很有借鉴意义，因为印度的金融体系与我国非常接近，银行是公司的重要融资来源，国有商业银行是银行体系的主体。Fabio Schiantarelli、Alessandro Sembenelli（1997）利用 1980—1991 年英国与意大利公司的财务数据，对债务期限结构与公司绩效关系进行了实证研究，得出的结论与上面的文章相同：长期债务有利于利润率的提高和真实销售收入的增加。但是，他们发现，在意大利长期债务与公司绩效的这种正相关关系存在递减甚至逆反的现象，有待进一步考察。Gilson、John 和 Lang（1990）发现企业拥有的长期债务越多，越能成功对组织结构进行重组。Hall（1992）认为当长期债务占实物资本的比例增加时，实物投资与研发投资减少。Atiyas（1991）研究了哥伦比亚的投资信贷计划，指出长期债务与效率呈负相关。

国内相关文献比较少。江乾坤、宋玉华（2005）选取 2003 年 118 家 A 股民营上市企业和 31 家中小板企业的财务数据，对债务的来源与期限对企业绩效产生的影响进行分析。得出以下结论：银行贷款（包括长短期贷款）对大型企业的绩效有促进作用，而不利于小企业的发展；商业信用对大型企业的绩效也有促进作用，并且比银行贷款的作用更强，但是不利于小企业竞争力的培养。在实证中，他们分别以总资产利润率、净资产利润率和主营业务利润率来分别作为因变量建立三个回归方程，这三个变量分别反映债权人在公司成长中的作用、所有者权益状况及企业的整体竞争力。袁卫秋（2006）以 2000 年 12 月 31 日前在沪深两地上市的 905 家 A 股公司为研究对象，以 2001—2004 年度为研究区间，考察了债务期限和债务总额比例对上市公司经营业绩的影响状况，研究结果表明，债务期限和债务总额比例均对上市公司的经营业绩具有显著的影响，但债务期限的影响作用远不如负债比例大，且债务期限的影响作用为正，债务总额比例的影响作用为负。

1.2.7 国内研究现状及述评

国内积累了一些有关债务期限结构的文献，但还不充分。肖作平（2004）利用1998—2005年上市公司的数据验证了代理成本假说、税收假说、信息不对称假说，结果显示：平均而言，具有更多成长选择权的公司具有显著少的长期债务；资产期限与债务期限呈显著正相关；自由现金流量与债务期限呈显著负相关；公司规模与债务期限呈显著正相关。这些都支持代理成本假说。检验结果没有提供支持信息不对称假说和税收假说的证据。作者给出的解释：中国资本市场无效率，公司不能通过债务期限选择来显示自己的质量；公司实际所得税率较低。袁卫秋（2006）以1999—2002年的汽车制造行业的上市公司为研究样本，依据债务期限结构理论，对所选公司的债务期限结构的影响因素展开实证检验和分析。结果显示：代理成本假说无法获得经验支持；信息不对称假说适用性不明确，在单独回归模型中，假说没有得到支持，但在综合回归中却得到了支持；税收假说获得部分经验验证。何畅等（2019）、胡爱军等（2006）的实证研究显示代理成本假说和信号传递假说得到了经验支持，而税收假说没有得到支持。

雷森、李传昭、李奔波（2005）通过对上市公司债务期限结构的实证研究，得到如下结论：一是反映企业质量的指标对我国上市公司债务期限结构的影响并不显著，而一些反映企业资产状况的指标对企业债务期限的影响明显。二是实证分析不支持代理成本假说与税收假说，但支持资产期限匹配假说。三是实证研究指出样本公司的债务期限结构倾向于短期融资，虽然随着利率市场化改革的推进，这一比例有所下降，但还是应鼓励发行中长期债券。

雷森、李传昭、李奔波（2005）结合中国利率非市场化的情况，研究了金融抑制情况下企业债务期限选择。国外的理论假说都是以利率市场化为假设前提的，这不符合中国目前的实际情况，因此无法有效解释企业债务期限结构状况，作者基于信号传递假说，构建了固定利率情况下债务期限选择模型，讨论得出银行无法根据企业的债务期限来判断企业质量，而只能根据其偿债能力来决定放贷的结论。接着，作者又构建了利率管制下的信贷配给模型和信息甄别模型，经过推导得出，不同质量的项目有不同的债务期限选择，存在分离均衡，因此，银行可以考虑据此决定放贷对象。

孙丽英（2005）定性分析了债务期限结构假说在中国的适用性。她认为代理成本假说在中国较为适用，因为在中国也存在股东与债权人的代理问题，由于公司信息披露机制不完善，这个问题会更为突出。同时，中国上市公司不存在使代理成本假说失效的重要条件。前面理论评述中谈到代理成本假说失效的一种情况，即财务杠杆很低时，负债代理成本较低，因而公司可能会不在意债务期限降低代理成本的作用。而 1990—2001 年中国上市公司的平均财务杠杆率为 0.52，已不算低。信号假说和流动性风险假说在中国不适用，因为中国的国情使得拥有长期债务的公司是高质量公司，与理论预期相反，同时债券市场不发达和信用评级制度不完善都使得信号假说与流动性风险假说失去应用的基础。她还认为税收假说在中国适用性不明确，中国的利率期限结构略向上倾斜，并且公司所得税大于个人所得税，因此理论预期公司的债务应以长期债务为主，这与事实相反，但是，目前银行贷款中的中长期贷款比例和债券市场长期债券的发行比例都在不断提高是否说明了公司正在注重避税的优势，有待进一步研究。对于期限匹配假说的适用性大家似乎有一定的共识，但是笔者认为，由于我国的破产机制及公司治理结构不完善，公司未必会注意资产与债务的匹配问题。

孙铮、刘凤委、李增泉（2005）以上市公司 1999—2003 年的经验数据为样本，实证分析了地区市场化程度对当地企业债务期限结构的影响。结果表明，企业所在地的市场化程度越高，长期债务的比重越低。进一步分析发现，上述差异主要归因于政府对企业干预程度不同。基于此，作者认为，当司法体系不能保证长期债务契约得以有效执行时，“政府关系”是一种重要的替代机制。周孝坤（2006）采用横截面回归、混合最小二乘回归等技术对影响中国、新加坡、泰国和马来西亚四个国家上市公司债务期限结构的公司特征因素和制度环境因素进行实证研究，结果显示上市公司债务期限结构不仅与公司特征因素高度相关，而且与国家制度和经济环境因素密切相关。

江轩宇等（2021）、陈耿等（2004）从理论上分析了选择较短的债务期限能够从资产替换、信号理论的角度减少债务代理成本，因而，资产替代效应和信息不对称较严重时公司倾向于使用短期债务。万朝领等（2001）在《上市公司的外部资金来源问题研究》一文中指出，上市公司的长期财务杠杆普遍低于短期财务杠杆，他们把这种现象归因于上市公司在进行长期融资选择时普遍存在股权融资偏好以及上市之前将长期债务大量剥离的行为。胡援成等（2017）、张峥等（2004）对中国 A 股上市公司的资本结构进行分析时发现 1990—2001 年按照账面价值计算的财务杠杆率为 0.52，负债中长期债务占总资产的比例为 12.46%，大大低于短期债务的 21.94%，与美国上市公司的数据几乎相反。他们认为这主要是由中国企业债市场不发达的现状造成的。

国内文献对我国上市公司债务期限结构的影响因素有了较为丰富的实证研究，为后续研究打下了良好的基础，但还有进一步研究的空间：

一是现有文献仅对公司债务期限结构的影响因素进行了实证研究，而没有涉及短期债务比例过高的现状可能带来的后果，更没有系统提出优化我国债务期限结构的建议。

二是现有文献着重研究了公司层面的因素对债务期限结构的影响，几乎没有涉及行业和宏观环境层面的因素。

三是现有文献所用的计量方法还有进一步改进的余地。部分作者采用截面数据进行研究，这会因为样本数据过少而影响检验的准确性；还有一部分作者虽然采用了面板数据，但是没有用固定效应回归模型，没有考虑数据的异方差和序列相关性，直接用最小二乘法进行估计以致结果会有严重的误差。

1.3　基本概念界定

1.3.1　债务期限结构

所谓债务期限结构，是指长短期负债的比例。学者在理论模型构建中对长、短期债务的定义有所不同，有的学者把公司实施增长期权前到期的债务定义为短期债务，其他为长期债务；而有的学者把投资产生现金流之前到期的债务定义为短期债务，还有的学者直接设债务期限为某一变量，根据其随其他变量的变化增加或减少来判断是短期债务还是长期债务。本书关于长、短期债务的定义遵循我国会计准则，定义一年期以内的债务为短期债务，一年期以上的债务为长期债务，并在理论模型构建中假定项目期限覆盖债务期限。

1.3.2　投资效率

何谓“投资效率”？在宏观经济学中，它是指投入与产出的比率，通常用“边际产出资本比率”来衡量，即一单位投入所带来多少单位产出的增加，这个比率越大则投资效率越高。在西方经济学中，它是指企业的最优投资规模在长期平均成本的最低点，偏离这一点就是非效率投资。在公司金融中，投资效率通常以负债公司相对于无负债公司在投资时机或投资水平上的偏差来度量，实际就是基于股权价值最大化和基于企业价值最大化的投资决策对比。本书采用的是公司金融中的定义，即以负债公司相对于无负债公司在投资水平上的偏差来度量投资效率，它是一个矢量概念。当负债公司投资水平高于无负债公司时，则表明负债公司“过度投资”；反之，则表明其“投资不足”。

1.3.3 代理成本

广义的代理成本是指委托人为保证代理人的经济行为与自己利益目标相一致而付出的一切费用。根据 Myers（1977）、Jensen 和 Meckling（1976）的研究成果，本书定义代理成本为解决债权人与债务人利益冲突所发生的一切费用，即债权人为保护自身利益而对公司股东或管理者的融资、投资及股利分配行为进行限制所引发的各种监督管理费用，这种监督成本最终都将由公司股东来承担，从而降低了公司的价值。目前，我国公司与债权人的信息不对称程度较大，二者之间的代理冲突也较严重，合理的融资结构可以降低代理成本，对二者的代理冲突将起到较好的治理作用。

1.3.4 违约风险

本书中的违约风险主要指债务违约风险，即在债务到期日，公司资产价值低于债务面值以至于债务人不能全额偿还借款的概率。违约风险与公司的盈利能力、资产价值波动、融资结构都有着密切的关系，较大的违约风险会降低公司价值。违约风险与财务风险的概念是相通的，财务风险是指由于利用财务杠杆给企业带来的破产风险或普通股收益发生大幅度变动的风险。陷入财务困境的企业通常被认为是违约风险较高、信用级别较低的企业。

1.4 主要内容与章节安排

本书系统地研究了我国上市公司短期债务主导型债务期限结构的成因、后果及优化对策。具体研究思路如下：

首先，从公司自身特点、行业条件、宏观制度环境三个递进层面分别对我国上市公司债务期限结构的影响因素进行了实证检验，并综合三个层面的实证结果总结出结论。在对每个层面因素的检验中，严格控制了另外两个层面因素的影响，即使每个层面的因素得到了充分的考察又保证了实证结果的准确性。其次，根据文献研究，着重从违约风险和投资效率两方面探讨了债务期限结构对公司价值的影响，并延伸讨论了短期债务比例过高对金融系统安全所可能造成的后果。最后，提出了债务期限结构优化的对策建议。

本书共有 7 个章节，分 3 个层次。第一个层次包括第 2 章、第 3 章，着重分析了我国上市公司债务期限结构的成因；第二个层次包括第 4 章、第 5 章，主要研究了债务期限结构对公司违约风险、投资效率以及金融系统风险的影响；第三个层次包括第 6 章，提出了优化债务期限结构的对策建议。本书的内容安排如下：

第 1 章为绪论，对本书的研究背景、研究文献、主要内容以及结构安排等进行了阐述。随着我国债券市场发展、资本市场体系的逐步完善，对公司债务结构特征的研究将越来越凸显其重要意义。合理的债务期限结构可以提升公司价值，降低违约风险，对完善社会信用体系、规避金融系统风险亦有着重要作用。国外对债务期限结构的研究已积累了一部分文献，笔者从“代理成本”“信号传递”“税收收益”“竞争战略”等角度对这些文献进行了归类总结，提炼了债务期限结构的可能影响因素及造成的后果，接着在对国内文献回顾的基础上指出本书的研究重点。

第 2 章从公司自身特点的角度对我国上市公司债务期限结构的成因进行了实证研究。本章首先对我国上市公司债务期限结构、负债比例的现状进行了统计分析：我国公司的负债水平是较为合理的，债务占总资产的比例约为 50%，而债务期限结构中短期债务的比例高达 86%，且债务的主要融资来源是银行借款。接着，笔者利用固定效应回归模型和广义矩估计方法对影响债务期限结构的公司自身特点的因素进行了研究，结果显示：规模较大、盈利能力强、负债率高的公司，其债务期限较长，而成长性强的公司，其债务期限较短，符合代理成本假说的理论预期，表明了缓解债务人与债权人的代理冲突是目前我国企业债务期限决策的主要影响因素。目前，我国企业短期债

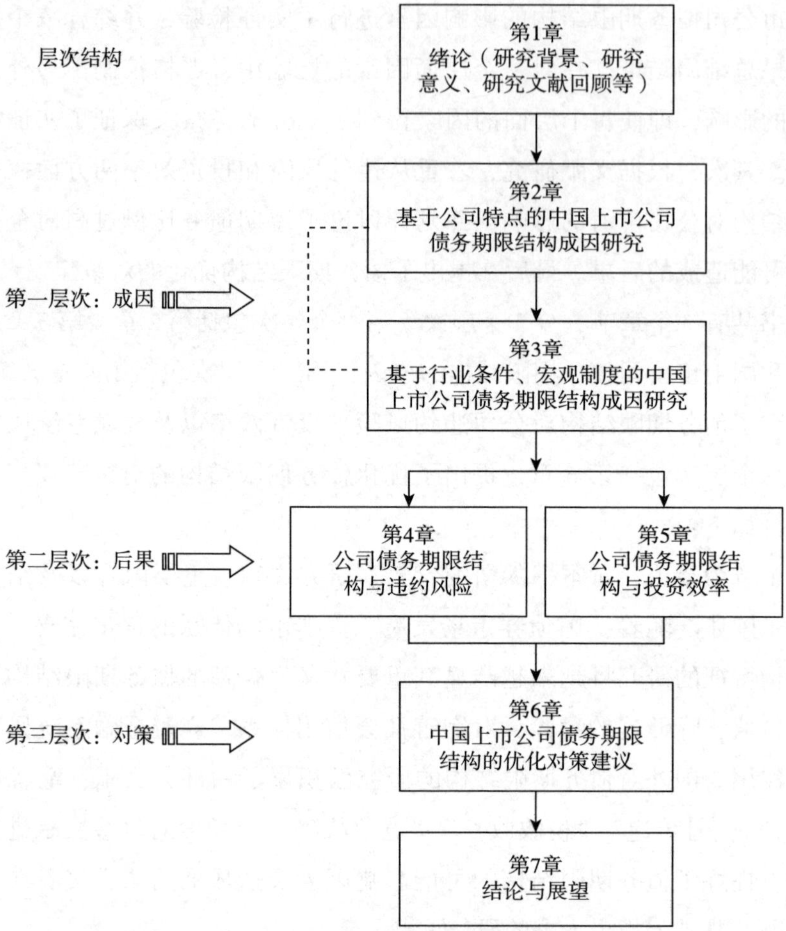

图 1-1　本书的结构安排

务比例偏高是企业和债权人博弈的结果，是对目前我国利率未市场化、债券市场不发达、破产机制不完善等宏观环境的反映。

第 3 章从行业条件、宏观制度环境的角度对我国上市公司债务期限结构的成因进行了实证研究。笔者运用独立样本非参数检验及固定效应回归模型分析了市场集中度、产品差异化、产品需求波动、成本波动及季节性波动对公司债务期限决策的影响，实证结果表明，市场集中度、产品差异度与短期债务比例呈负相关，行业需求、成本的变动与其呈正相关，反映了在目前融资环境下，公司利用长期债务参与市场竞争的条件和意识还不强，短期债务被较多使用以满足流动性需求。接着，笔者利用协方差分析模型对利率市场化对公司债务期限结构的影响进行了研究，同时兼顾了国内生产总值、通货膨胀、利率等宏观变量的作用，得出结论：利率市场化后，企业尤其是中小企业的债务水平有明显的提高，同时金融机构在利率市场化初期出于审慎的原则在增加放贷资金的同时压缩了放贷期限；债务期限与资产期限相匹配的原则得到了更好的贯彻；金融机构在监督和鉴别贷款申请者方面更有效率；国内生产总值、通货膨胀、利率对企业的负债水平有显著影响，但是对债务期限的影响不显著，表明企业对资金获得性的关注超过对期限的关注，反映了融资渠道不够丰富；发达的金融、法律体系等宏观环境有利于公司获得长期债务资金，优化债务期限结构。

第 4 章研究了公司债务期限结构与违约风险的关系。笔者首先利用期权理论构建了债务期限结构与违约风险的理论模型，接着结合我国上市公司短期债务比例偏高的情况提出了经验研究假设，最后通过 LOGIT 模型对假设进行了检验，得出结论：在资产风险水平、负债比率等因素一定的情况下，短期债务比例与违约概率呈类“U”形关系，即随着短期债务比例的提高，公司的违约概率先降后升。但当资产风险水平和负债比率增加时，使违约概率最小的短期债务比例会随之增加和减少，即基于风险规避角度的最优债务期限结构是存在的，并且这一最优短期债务比例与资产风险水平呈正相关，与负债比率呈负相关。我国公司短期债务比例普遍过高，处于“U”形关系图右半边的递增部分，继续提高短期债务比例会使公司的违约概率进一步增加，从而引发银行坏账增加、社会信用体系脆弱等连锁反应。

第 5 章研究了公司债务期限结构与投资效率的关系。笔者利用“或有债权”分析法构建债务期限结构与投资效率模型，并用数据模拟得出二者的理论关系，接着结合我国上市公司短期债务比例偏高的情况提出了经验研究假设，最后通过动态自回归模型对假设进行了检验，得出结论：投资非效率程度随着短期债务比例的增加，呈现两头大、中间小的状况，即债务期限结构较为均衡时，投资非效率程度较低。债务期限结构与投资效率之间不是简单的线性关系，它们的关系在很大程度上依赖项目风险水平。对于中等风险项目，过高的短期债务比例促使公司过度投资，而过高的长期债务比例会引起投资不足；对于高风险项目而言，过高的长期债务比例和短期债务比例都会引起过度投资；对于低风险项目而言，过高的短期债务比例和长期债务比例都会引起投资不足。具体到我国上市公司，短期债务比例与投资非效率程度呈正相关，较高的短期债务比例会引起较大的投资扭曲。对于较高和中等风险项目，短期债务比例较高的公司倾向于过度投资；对于低风险项目，短期债务比例较高的公司倾向于投资不足。

第 6 章提出了优化我国债务期限结构的宏观制度对策和微观决策建议。政府应大力发展债券市场、融资租赁市场，使公司拥有更为便利的长期债务资金的融资渠道；加快利率市场化改革，积极发展信息咨询服务业，为债务合理定价创造良好的外部环境；加强社会信用体系建设，完善《公司法》《破产法》的相关内容，建立有限责任例外制度、债权人自治制度和从属公司债权人保护制度，从而有效保护债权人权益；进一步完善上市公司治理准则，督促公司在董事会下设立债务决策委员会，提高公司进行债务期限结构管理的意识和决策水平。

第 7 章是本书的结论部分，总结了全书的主要发现，提出了本书研究的局限性，并指出继续深入研究的方向。

1.5 主要创新点

本书运用计量经济模型和数量经济学分析方法，将定性分析与定量分析相结合，以规范分析和实证分析为补充，对我国上市公司债务期限结构成因、后果及优化对策进行研究。总结全书的主要创新点如下：

一是构建了短期债务比例与违约风险关系的理论模型，并得出了二者呈类“U”形关系的结论。

大部分相关文献研究的是债务期限与违约风险的关系，它们或者指出长期债务的违约概率大，或者指出短期债务的违约概率大，但是在现实中，公司债务通常不是由单一性质的长期或短期债务组成，而是由长、短期债务共同构成的，因此研究债务结构比例与企业违约风险的关系更具有现实意义。本书创造性工作表现在：利用期权理论构建了短期债务比例与违约风险关系的理论模型；通过数据模拟得出公司短期债务比例与违约风险呈类“U”形关系的结论；在实证研究的基础上揭示我国目前上市公司短期债务比例过高的状况蕴含着较大违约风险。

二是构建了短期债务比例与投资效率关系的理论模型，并得出了二者的关系在很大程度上依赖投资项目风险水平且投资非效率程度与短期债务比例呈类“U”形关系的结论。

现有的相关文献多数研究的是资本结构与投资效率的关系，对债务期限结构与投资效率关系的研究甚少。本书创造性工作表现在：利用“或有债权”分析法构建了短期债务比例与投资效率关系的理论模型；通过数据模拟得出结论——债务期限结构与投资效率之间不是简单的线性关系，它们的关系在很大程度上依赖项目风险水平，而投资非效率程度与短期债务比例呈类“U”形关系；利用动态自回归模型对投资效率变量进行度量，检验了其与债务期限结构的关系，证明了我国公司短期债务主导型债务期限结构易引起较大的投资扭曲。

三是通过实证研究验证了利率市场化对我国公司融资行为有显著影响。利率市场化对企业融资行为的影响受到了学者、官员、企业家的多方关注，但是目前的讨论停留在定性分析的层面，没有用实证的方法来揭示我国利率市场化后企业融资行为的变化。本书创造性工作表现在：运用协方差分析模型对我国上市公司在利率市场化前后的负债比率和债务期限结构的变化进行了实证研究，证明了利率市场化对我国上市公司的融资行为有显著影响。

第2章　基于公司特点的中国上市公司债务期限结构成因研究

2.1　引言

半个世纪以来，以MM理论为契机，公司融资决策理论得到了广泛、深入的发展。众多学者对资本结构进行了大量的理论和实证研究，综观这些文献可以发现，绝大部分文章都视各种负债是同质的，并据此研究企业应如何在债务和权益之间进行选择才是最优的（即通常所谓的资本结构研究）。但实际上，代理成本、税收、破产成本等因素的现实存在破坏了MM定理的一系列假定，长期负债和短期负债的不同选择会直接影响企业的负债成本、债务偿还计划和企业投资效率，进而影响公司价值。我国上市公司债务期限结构的显著特点就是短期负债比重偏高。我国上市公司存在着许多不同于发达国家的制度背景，例如，利率市场化程度不高、资本市场发展不平衡、公司治理机制有缺陷、股权结构特殊等，使得影响债务期限结构的因素更加复杂。

那么，究竟是什么因素影响我国上市公司的债务期限结构，上市公司债务期限结构的决策是否有悖于相关的债务期限理论？本书从公司自身特点、行业条件、宏观制度环境三个递进层面分别对我国上市公司债务期限结构的影响因素进行了实证检验，在对每个层面因素的检验中，严格控制了另外两个层面因素的影响，既使每个层面的因素得到了充分的考察又保证了实证结果的准确性，最后综合三个层面的实证结果得出结论。本章主要从企业微观的角度对上市公司债务期限结构的成因进行了探讨。

现有的涉及公司债务期限结构微观影响因素的理论主要有：代理成本假说、信号传递假说、税收假说、期限匹配假说等。

代理成本假说认为，融资结构对缓解企业中股东与债权人、股东与经理人的代理冲突有着重要作用，短期债务由于期限短、融资频率较高，从而接受外部监督的机会较多，它在缓解代理冲突方面有明显优势，因此企业应该根据代理冲突的大小来决定适宜的短期债务比例（Myers，1977；Jensen and Meckling，1976）。不同公司由于增长机会、公司规模、自由现金流以及是否受管制等因素的不同，它们所面临的代理问题的严重程度也会不同，这些因素都会影响公司债务期限结构选择。

信号传递假说认为，债权人与债务人关于企业质量的信息是不对称的，价值被低估的公司会通过特定的债务结构向投资者提供信号来显示自身的价值，以避免由信息不对称带来的损失。短期债务具有“信息更新性特点”，即短期债务允许高质量公司期中重新制定融资条款，及时利用更多更新的利好信息以提高信用级别，从而减少错误定价的损失，但同时，短期债务的再融资风险较大。因此，该学说认为质量好的公司会选择短期债务以显示自身价值（Diamond，1991；Flannery，1986），公司质量是影响债务期限选择的重要因素。

税收假说认为，不同期限债务的避税效应不同，如果利率期限结构向上倾斜，即长期即期利率高于短期即期利率，则公司倾向于选择长期债务，因为避税收益可以加速实现；反之，则选择短期债务（Brick and Ravid，1991）。实际税率是影响公司债务期限决策的因素之一。

期限匹配假说认为，负债期限与资产期限要相互匹配，以防债务到期而资产未到期，不能产生足够的现金流来偿还债务，或者，债务未到期而资产到期，会造成债务资金低效运用（Stohs and Mauer，1996）。因此，资产期限是影响债务期限结构的重要因素。

由于我国有着较特殊的制度背景，所以公司债务期限结构的决策机制可能不完全符合上述理论假说。国内有多篇文献研究了上述假说在中国的适用性，肖作平（2004）利用1998—2005年上市公司的数据验证了代理成本假说、税收假说、信息不对称假说，结果显示：具有更多成长机会的公司具有较少的长期债务；资产期限与债务期限呈显著正相关；自由现金流量与债务期限呈显著负相关；公司规模与债务期限呈显著正相关。这些都支持代理成本假说。检验结果没有提供支持信号传递假说和税收假说的证据。袁卫秋（2006）以1999—2002年的汽车制造行业的上市公司为研究样本，对债务期限结构理论进行检验，结果显示：代理成本假说无法获得经验支持，信息不对称假说适用性不明确，税收假说获得部分经验验证。周孝坤（2006）以1995—2001年中国上市公司为研究样本，并通过截面回归模型进行检验，得出的结论与肖作平（2005）的结论基本一致，期限匹配假说、代理成本假说得到了支持，而信号传递假说和税收假说没有得到验证。胡援成和王艳（2017），雷森、李传昭、李奔波（2005），胡爱军、熊正德、谢赤（2006），王刚、秦捷（2006）也得出了类似的结论。

本章在国内现有文献研究的基础上对我国上市公司债务期限结构微观影响因素又做了更为系统的研究，改进了样本选择、模型估计方法，对数据进行行业调整并增加了年度控制变量，这些都大大提高了计量模型估计的精确度。

2.2 中国上市公司债务期限结构现状

2.2.1 中国上市公司债务期限结构的时序特征

2.2.1.1 上市公司资产负债率描述性统计

本节笔者选择了1996—2005年沪深两市除金融类公司外所有A股上市公司作为研究对象。在研究债务期限结构之前，必须要考察一下上市公司负债比率的情况，因为过低的负债比率将使债务期限结构的研究失去基础。表 2-1 显示中国上市公司资产负债率的平均值在 1996—1999 年都在 0.46 附近，2000 年以来都超过了 1；中位值除 2000 年为 0.35 外，其他年份都接近或超过了 0.5。由此可见，多数上市公司的资产负债率在合理范围内，不存在过低或过高的情形。图 2-1 显示，上市公司的资产负债率中位值在 1996—2000 年呈现下降趋势，在 2000 年达到最低。2000 年是中国股市的牛市年，当年股市资金流出量创历史新高（资金流出量是流入量的下限），这说明上市公司确实有用股权代替债权的倾向①。其在 2001—2005 年呈现递增的趋势，表明在股市萧条期，公司增加了债务融资的比重。

表 2-1　1996—2005 年中国上市公司资产负债率统计描述

年份	平均值	中位值	最大值	最小值	标准差	峰度	偏度	观察数
1996	0.493	0.511	0.962	0.000	0.164	-0.282	-0.460	889
1997	0.464	0.476	0.994	0.018	0.177	-0.583	-0.217	1041
1998	0.454	0.458	1.404	0.023	0.179	0.283	0.125	1090
1999	0.457	0.456	2.282	0.018	0.200	10.533	1.496	1156
2000	1.087	0.350	92.220	0.000	4.078	270.914	14.711	1238
2001	1.335	0.409	91.200	0.000	4.190	193.955	11.661	1325
2002	1.370	0.429	99.261	0.000	4.507	233.167	13.214	1339
2003	1.390	0.451	73.654	0.000	4.009	140.217	10.354	1342
2004	1.453	0.469	83.780	0.000	4.178	155.265	10.626	1342
2005	1.635	0.538	86.060	0.000	5.386	120.449	9.799	1338

资料来源：Wind 资讯。

① 全书是在既定的资产负债率情况下对债务期限结构进行研究，不涉及股权融资和债务融资之间的选择问题。大多数上市公司的资产负债率在 40%以上，债务期限结构研究是有现实基础的。

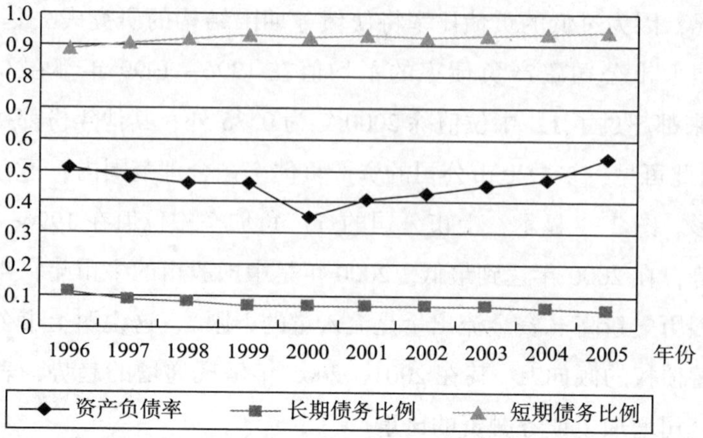

图 2-1　1996—2005 年中国上市公司债务期限结构时序特征

1996 年和 1997 年中国上市公司资产负债率分布峰值和偏斜度都是负的，但绝对值均小于 1，说明这两年上市公司资产负债率接近正态分布，但分布较为平坦且右偏，表明上市公司之间资产负债率分布较为均匀，且较多公司的资产负债率高于均值。1998—2005 年，上市公司资产负债率的峰度和偏度都是正的且数值较大，表明这期间上市公司资产负债率分布陡峭且左偏，多数公司的负债率低于平均值。标准差的值显示这期间公司之间的负债率离散程度较大。

2.2.1.2　债务期限结构度量

现有文献对债务期限结构的度量方法有两大类：①资产负债表法（平衡表法）；②增量方法。资产负债表法是把债务期限定义为长期债务占总债务的比例（如 Barclay and Smith，1995），或公司债务项目的加权平均期限（如 Kim，Stohs and Mauer，1996）。增量方法是把债务期限定义为债务工具发行的期限（如 Mitchell，1993；Guedes and Opler，1996；Elyasiani，Guo and Tang，2002）。增量方法更适用于检查公司债务期限结构的选择是否能向市场传递其未来前景的信号，而不适用于检验资产期限和债务期限的匹配原则。根据本书的研究目标，且限于资料的可获得性，本书拟采用资产负债表法来度量债务期限结构，以上市公司财务报表中的长期债务与总债务的比例作为度量指标，即为一年期以上的债务与总债务的比例（根据我国会计制度，一年期以上的债务定义为长期债务），用符号“*LTD*”表示。同时，本节还计算了短期债务占总债务的比例并将其作为对比研究。

2.2.1.3　上市公司债务期限结构的时序特征

图 2-1 及表 2-2 显示，1996—2005 年，上市公司长期债务比例呈递减趋势，均值在 0.128~0.177，中位值在 0.056~0.114，和发达国家如法国、德国、英国公司的长期债务的比例 60%、57%和 47%（Demirgüc-Kunt and Maksimovic，2002）相比，我国的上市公司的长期债务比例明显偏低。长期债务比例最大值在 0.9 以上，最小值是 0，标准差在 0.1~0.2，由于其均值在 0.128~0.177，因此其离散程度还是相当大的。峰度和偏度的数值较小且为正，说明上市公司长期负债比例较服从正态分布，且多数公司的长债比例低于平均值。

表 2-2　1996—2005 年中国上市公司长期债务比例统计描述

年份	平均值	中位值	最大值	最小值	标准差	峰度	偏度	观察数
1996	0.177	0.114	0.990	0.000	0.195	1.775	1.440	888
1997	0.160	0.091	0.999	0.000	0.189	1.515	1.961	1041
1998	0.151	0.080	0.980	0.000	0.185	2.649	1.634	1090
1999	0.141	0.067	0.971	0.000	0.185	3.282	1.271	1156
2000	0.138	0.069	0.940	0.000	0.175	2.166	1.473	1228
2001	0.144	0.067	0.958	0.000	0.182	2.290	1.588	1324
2002	0.139	0.071	0.955	0.000	0.176	2.296	1.604	1338
2003	0.138	0.071	0.947	0.000	0.174	2.740	1.716	1342
2004	0.135	0.063	0.927	0.000	0.172	1.875	1.554	1342
2005	0.128	0.056	0.925	0.000	0.169	2.531	1.706	1338

短期债务比例在 1996—2005 年呈递增趋势（见图 2-1），平均值在 0.821~0.870，中位值在 0.886~0.941（见表 2-3），短期债务比例显然较高。偏度为负，多数上市公司的短债比例高于平均值。

表 2-3　1996—2005 年中国上市公司短期债务比例统计描述

年份	平均值	中位值	最大值	最小值	标准差	峰度	偏度	观察数
1996	0.821	0.886	1.000	0.010	0.195	1.764	-1.436	888
1997	0.838	0.906	1.000	0.000	0.190	1.991	-1.516	1041
1998	0.846	0.918	1.000	0.019	0.185	2.552	-1.610	1090
1999	0.857	0.930	1.000	0.028	0.185	2.905	-1.326	1156
2000	0.859	0.926	1.000	0.059	0.175	2.212	-1.480	1228
2001	0.854	0.930	1.000	0.041	0.182	2.283	-1.585	1324
2002	0.859	0.927	1.000	0.044	0.176	2.278	-1.598	1338
2003	0.860	0.928	1.000	0.072	0.175	2.731	-1.716	1342
2004	0.863	0.935	1.000	0.072	0.172	1.851	-1.547	1342
2005	0.870	0.941	1.000	0.075	0.169	2.549	-1.709	1338

2.2.2　中国上市公司债务期限结构的行业特征

由于每个行业中都有一些债务结构比例属于极端值的公司，为了避免极端值影响，本节用中位值而非平均值反映债务期限结构的集中趋势。表 2-4 显示，长期债务比例最高的行业是电、煤气、水生产与供应业及交通运输和仓储业，10 年平均中位值分别为 0.29 和 0.25；其次是采掘业和社会服务业，平均中位值分别为 0.14 和 0.13。长期债务比例最低的行业是批发零售业和信息技术业，平均中位值皆为 0.02；建筑业和房地产业长期债务比例也不高，中位值分别为 0.03 和 0.05。除了电、煤气、水生产与供应业，其他行业在 1996—2005 年长期债务比例都有递减的趋势。从以上情况可以看出，上市公司的债务期限结构与行业变量诸如技术特点、市场集中度、市场需求特点等有密切联系。

表 2-5 是关于上市公司资产负债率中位值的行业分布状况，其中资产负债率较高的行业是建筑业和房地产业，平均中位值分别为 0.73 和 0.59；其次是采掘业、批发零售业、制造业，平均中位值分别为 0.55、0.47、0.44。房地产业和建筑业是在 1996—2005 年负债率增加最多、最快的行业。

从表 2-4 和表 2-5 中可以发现一个很值得注意的问题，房地产业和建筑业的短债比例较高，但同时它们的负债率也最高，这蕴含了较大的财务风险。在通常情况下，公司在加大财务杠杆的同时要延长债务期限，以减少债务不能及时清偿的风险（Diamond，1991）。房地产业和建筑业的此种债务期限结构是不合理的，而这也是我国近年来房地产业过热的又一反映。

表 2-4 1996—2005 年中国上市公司长期债务比例中位值的行业分布

	1996 年	1997 年	1998 年	1999 年	2000 年	2001 年	2002 年	2003 年	2004 年	2005 年	平均
采掘业	0.22	0.13	0.06	0.02	0.17	0.06	0.18	0.17	0.24	0.15	0.14
传播与文化产业	0.09	0.03	0.02	0.01	0.00	0.08	0.04	0.02	0.03	0.02	0.03
电、煤气、水生产与供应业	0.33	0.29	0.24	0.21	0.19	0.27	0.29	0.38	0.38	0.39	0.29
房地产业	0.04	0.02	0.03	0.04	0.03	0.03	0.04	0.08	0.09	0.13	0.05
建筑业	0.03	0.04	0.04	0.02	0.01	0.01	0.05	0.03	0.05	0.10	0.03
交通运输和仓储业	0.29	0.14	0.30	0.29	0.25	0.30	0.26	0.22	0.21	0.30	0.25
农林牧渔业	0.19	0.08	0.06	0.10	0.02	0.05	0.06	0.05	0.02	0.03	0.06
批发零售业	0.04	0.03	0.03	0.02	0.02	0.02	0.01	0.01	0.01	0.01	0.02
社会服务业	0.15	0.16	0.11	0.10	0.21	0.19	0.11	0.07	0.13	0.13	0.13
信息技术业	0.07	0.05	0.03	0.01	0.03	0.02	0.02	0.02	0.02	0.02	0.02
制造业	0.13	0.10	0.10	0.08	0.07	0.07	0.07	0.08	0.07	0.05	0.08
综合类	0.05	0.05	0.11	0.05	0.07	0.04	0.07	0.05	0.03	0.04	0.05

表 2-5 1996—2005 年中国上市公司资产负债率中位值的行业分布

	1996 年	1997 年	1998 年	1999 年	2000 年	2001 年	2002 年	2003 年	2004 年	2005 年	平均
采掘业	0.59	0.54	0.54	0.40	0.33	0.39	0.45	0.57	0.99	0.79	0.55
传播与文化产业	0.32	0.36	0.38	0.41	0.20	0.22	0.19	0.27	0.25	0.27	0.28
电、煤气、水生产与供应业	0.45	0.39	0.41	0.40	0.29	0.29	0.41	0.36	0.42	0.48	0.39
房地产业	0.48	0.49	0.50	0.50	0.56	0.47	0.67	0.76	0.87	0.62	0.59
建筑业	0.65	0.56	0.58	0.62	0.30	0.49	0.68	0.85	1.40	1.18	0.73
交通运输和仓储业	0.39	0.35	0.37	0.38	0.54	0.47	0.40	0.42	0.46	0.62	0.44

续表

	1996年	1997年	1998年	1999年	2000年	2001年	2002年	2003年	2004年	2005年	平均
农林牧渔业	0.53	0.45	0.40	0.41	0.24	0.33	0.46	0.51	0.48	0.55	0.43
批发零售业	0.51	0.48	0.47	0.52	0.45	0.44	0.45	0.39	0.45	0.59	0.47
社会服务业	0.38	0.34	0.35	0.37	0.28	0.26	0.32	0.30	0.38	0.53	0.35
信息技术业	0.50	0.46	0.44	0.49	0.23	0.32	0.33	0.28	0.27	0.54	0.38
制造业	0.52	0.49	0.45	0.45	0.35	0.42	0.43	0.44	0.46	0.45	0.44
综合类	0.47	0.44	0.44	0.46	0.30	0.58	0.66	0.68	0.61	0.65	0.52

2.2.3 中国上市公司长、短期债务主要融资渠道

企业的债务期限与债务融资渠道密切相关，例如，商业信用的负债期限多数是在一年或一个营业周期内，银行信用的负债期限集中于半年至5年，融资租赁、债券的负债期限多数在5年以上，不同的融资渠道影响债务的融资成本、融资风险以及投资效率，因此有必要了解长、短期债务各个融资渠道，为后文的理论分析做铺垫。

企业短期负债的构成主要有短期借款、应付账款、应付票据、预收账款、应付短期债券、应付工资、应付利息、应交税金等。由于应付工资、应付利息和应付税金属于隐性债务，对企业投融资决策影响不大，且所占比例较小，这里不对其进行研究。短期应付债券所占比例几乎为0，因此表2-6中未列出这一项。应付账款、应付票据、预收账款都属于商业信用，本书把它们归并起来。长期债务的融资渠道主要有长期借款、应付债券、长期应付款、住房周转金、专项应付款等，前三项占到总长期债务的80%多，因此表2-6仅列出了此三项所占比例。

表2-6显示，1996—2005年，短期借款占据了短期债务相当大的比重，2003年上升到最高，约为41.5%，10年的平均值为39.4%，商业信用平均所占比例为30.5%。长期借款在长债中的份额具有绝对优势，约占67.3%，长期应付款为13.1%，应付债券为1.6%。由此可见，银行借款是上市公司的主

要融资渠道，可以推测：银行和公司的债务代理冲突将是公司债务期限结构决策的重要考虑因素。

表 2-6　1996—2005 年中国上市公司长、短期债务主要融资渠道比例

年份	短期债务各融资渠道比例		长期债务各融资渠道比例		
	短期借款	商业信用	长期借款	应付债券	长期应付款
1996	0. 390	0. 275	0. 708	0. 021	0. 130
1997	0. 386	0. 279	0. 691	0. 021	0. 143
1998	0. 387	0. 274	0. 692	0. 016	0. 147
1999	0. 391	0. 274	0. 666	0. 018	0. 121
2000	0. 382	0. 279	0. 578	0. 022	0. 157
2001	0. 403	0. 289	0. 729	0. 004	0. 144
2002	0. 401	0. 315	0. 706	0. 007	0. 122
2003	0. 415	0. 350	0. 686	0. 014	0. 112
2004	0. 404	0. 355	0. 649	0. 018	0. 117
2005	0. 379	0. 363	0. 629	0. 014	0. 115
平均	0. 394	0. 305	0. 673	0. 016	0. 131

注：表内数据为上市公司均值。

2. 3　公司特点与中国上市公司债务期限结构

2. 3. 1　公司特点与债务期限结构关系的理论分析及研究假设发展

2. 3. 1. 1　资产期限与债务期限结构

债务期限与资产期限相匹配原则被认为是传统智慧，如果债务期限短于资产期限，那么债务到期时资产可能还无法产生足够的现金流来偿债，这就产生了流动性风险；如果债务期限长于资产期限，则会造成债务资金的闲置

或低效运用。

此外，债务和资产的期限匹配还可以减少股东与债权人之间的代理成本（Myers，1977），因为期限匹配确保了负债的按期偿还，从而债权人不必要求公司签订成本高昂的限制性条款来减少彼此冲突，从这个意义上讲期限匹配事先降低了代理成本。

期限匹配还有助于控制利率不确定性风险（Mitchell，1993），拥有短期资产（利率不敏感）的公司会选择短期债务来预防利率风险，因为如果资产和债务的价值都对不可预期的利率相对不敏感的话，两者的差（权益价值）也对利率不敏感，这样就规避了利率风险；反之，拥有长期资产（利率敏感）的公司则会选择长期债务。

但是，Houston 和 Venkataraman（1994）对期限匹配原则提出疑问。他们认为，这个原则虽然简单，但是在实际中并不容易操作，因为如信息不对称、税收、交易成本等这些市场不完备因素以及多变的宏观环境使得资产的现金流和清算价值在不断变化，资产期限本身在期初是无法完全确定下来的，匹配债务与资产期限也就无法实施。Houston 和 Venkataraman（1994）并不反对期限匹配原则，但是他们认为它不是公司进行债务期限决策的唯一主要考虑因素。

在实证研究方面，多数实证结果是支持期限匹配理论的。Stohs 和 Mauer（1996）对 1980—1989 年 328 家公司的研究发现，如果不调整偿债基金条款对债务期限的影响，债务期限与资产期限几乎完全相同，调整后则略低于资产期限。Guedes 和 Opler（1996）、Barclay 和 Smith（1995）实证结果也都证明债务期限与资产期限呈显著正相关，充分支持了债务期限匹配假说。

债务与资产期限相匹配在很大程度上属于技术层面的融资决策原则，具有一定的普适性，对我国的企业也是适用的。但是，我国企业运用这个匹配原则主要动机是避免财务风险，缓解与债权人的代理冲突，而不是 Mitchell（1993）所提出的规避利率波动风险，因为我国利率还处在受管制状态，利率波动性较小，因此利率风险不会构成企业融资决策所要考虑的因素。当然，随着我国利率市场化改革的深入，利率风险将会大大影响企业决策。

实证文献对资产期限这一变量的度量方法有两种：一种是用固定资产占

总资产的比例来度量，如 Erol（2005），Deesomsak、Paudyal 和 Pescetto（2005）的研究；另一种是用固定资产与流动资产的加权期限来度量，这种方法需要作者对固定资产和流动资产期限赋予主观值，有一定的任意性，所以本书不采用这种方法，而采用第一种方法，用符号“*ASSM*”标记。

通过以上分析，笔者提出如下假设：

假设 1：公司债务期限与资产期限呈正相关。

2.3.1.2　公司盈利能力与债务期限结构

信号传递假说认为，债权人与债务人之间存在信息不对称问题，高质量公司会通过特定的债务结构向投资者提供信号来显示自身的价值，以避免由信息不对称带来的损失。Flannery（1986）的理论研究证明高质量公司会选择短期债务来显示自己的能力，因为长期债务比短期债务更容易被错误定价，但是短期债务的交易成本较高。当交易成本足够高，且公司存在严重的信息不对称时，好公司选择长期债务所引起的错误定价损失大于选择短期债务带来的交易成本，因此好公司会选择短期债务，以使自己区别于差公司；而差公司选择短期债务的交易成本大于选择长期债务冒充好公司的错误定价所得，因此，它会选择长期债务，由此出现分离均衡。

Diamond（1991）利用“流动性风险”概念论证了高质量的公司会选择短期债务以降低错误定价损失和融资成本。所谓“流动性风险”，即当举短债公司的债权人不愿提供再融资，公司会面临被迫进行清偿，丧失当前或未来的现金流和对项目的控制权租金（control rent）的风险。公司的债务期限选择就是在短期债务可能带来的信用等级的改善与其引致的流动性风险之间的权衡。随着时间的推移，好公司的质量信息不断显示出来，因此好公司选择短期债务对其是有利的。

在我国，债权人与债务人之间信息不对称程度较为严重，但是企业用短期债务来显示自身质量的可能性较小，因为只有受政府支持或者是规模较大、效益较好的企业才有可能从债券市场或者银行筹集到长期资金，短期债务的多寡不能代表公司的信用级别和质量。此外，由于我国利率未市场化，银行没有足够的定价权，企业与银行间进行利率谈判的空间小，所谓的“错误定价损失”可以忽略不计，短期债务在避免“错误定价损失”方面的优势也就不突出；相反，短期债务的“流动性”风险却显得较为突出，再加上我国利率期限结构曲线平坦，即长期债务融资成本与短期债务融资成本几乎相等，因此，盈利较强的公司会尽可能筹集期限较长的债务。本书用资产净利率来表征该变量，符号记为“*ROA*”。

根据以上分析，笔者提出以下研究假设：

假设 2：公司盈利能力与债务期限呈正相关。

2.3.1.3 公司成长性与债务期限结构

成长机会较多的公司面临更频繁的融资与投资决策，更容易产生次优投资问题，从而导致较高的代理成本。但如果债务在投资期权实施之前到期，则可以避免该问题（Myers，1977），专业的债务市场可以有效地监督公司的经营活动，未清偿的短期债务在资产组合出现变化时会很快被重新定价，因而股东的边际投资选择对其价值的影响很小。这样，股东在决定是否进行新投资时不太看重新投资对资产组合风险的影响，从而能避免其做出次优投资决策。因此，从债务人与债权人代理成本的角度来看，公司成长机会越多，债务期限越短，二者呈负相关。

但是，Diamond（1991）的流动性风险假说认为，拥有长期投资机会的公司需要经理人持续正确的判断力，公司为了避免流动性风险会延长债务期限。Hart 和 Moore（1995）从公司股东与经理人的代理成本角度进行研究发现：长期债务融资契约使继续举债的能力减弱，可以防止管理者的无效率扩张。他们得出此结论的关键假定是，第一期后公司继续经营的价值超过清算价值。即公司只有选择零短期债务，才能最大可能地避免清算，增加证券持有者利益。这实际与 Diamond（1991）的观点是一致的，他们都认为长期债务可以避免流动性风险，成长机会较多的公司流动性风险更严重，因此公司成长性与债务期限呈负相关。

我国公司同样存在着股东与经理人、债务人与债权人之间的代理问题，其中，债务人与债权人代理问题在公司融资决策中的重要程度更大，因为我国债务融资市场始终是卖方市场，公司融资决策优先考虑的是如何解决与债权人的代理冲突。

现有文献对公司成长性的度量指标主要有：市账比（M/B）、市盈率的倒数、研发费用与销售收入或者总资产的比率等（Datta，Iskandar－Datta and Ramman，2005）。鉴于我国股票市场的特殊性，本书选用公司主营业务收入增长率来反映这一变量，符号记为“*DEV*”。

根据以上分析，笔者得出以下假设：

假设 3：公司成长性与债务期限呈负相关。

2.3.1.4　公司规模与债务期限结构

一方面，规模较大的公司的信息不对称问题、债务人与债权人之间的代理问题较低，其所拥有的有形资产也较多，因此大公司更容易进入长期债务市场；另一方面，由于大企业通常需要较多的剩余资金，因此大企业也倾向于举借长期债务（Jalilvand－Harris，1984）。对于小公司而言，通常只能举借短期债务，这一方面是因为小公司在市场竞争中失败的概率较高，另一方面是由于小公司管理者通常持有较高比例的股份，管理者与股东的代理冲突不突出，而股东与债权人之间的代理问题却比较严重；此外，小公司举借长期债务也不具有规模经济。由此可以得出债务期限与公司规模呈正相关的预期。公司规模变量通常用总销售收入的自然对数或总资产的自然对数来表征，本书拟用总资产的自然对数（Antonios，Guney and Paudyal，2002），符号记为“*SIZE*”。

根据以上分析，笔者得出以下研究假设：

假设 4：公司规模与债务期限呈正相关。

2.3.1.5　公司杠杆比例与债务期限结构

高杠杆公司的财务风险较大，长期债务与短期债务哪一个更容易带来财务风险是一个颇有争议的问题。Glazer（1994）认为短期债务通常数额较小，如果到期不能偿还，可以采取延期支付的方法，用公司下一期的利润或者下几期的盈利来偿还，公司不会因为短期债务到期而被债权人破产清算。而Dasgupta 和 Titman（1998）认为企业短期负债与长期负债相比的最大区别在于：短期债务增加了立即破产的可能性，而长期债务虽然也有增加短期破产的可能性，但是它更主要的是增加企业未来的融资成本，并影响未来现金流的折现率，并不构成破产威胁。

笔者认为，短期债务负债金额小、期限短，因此债权人很少让步，如果不能按期偿还，则可以通过变卖公司的部分资产来偿还，短期债权人更关心公司短期盈利能力以及债权的安全性和收益性；长期负债由于数额较大、期限长，债权人更关注公司的长期盈利能力及其长远发展，长期债务较易促进债务人与债权人结成同盟。在我国，公司的主要债权人是银行，银行和公司易于在这期中重新制定融资条款，当长期债务到期而公司无力偿还时，银行与公司可以重新制定融资契约以保证公司的持续经营和银行的资金回收。因此，在我国，长期债务的风险要低于短期债务的风险，高杠杆比例公司倾向于延长债务期限以避免财务风险。

本书用债务与总资产的账面值的比率来表征公司杠杆比例这一变量（Antonios，Guney and Paudyal，2002），符号记为“*LEV*”。

根据以上分析，笔者提出以下研究假设：

假设 5：公司杠杆比例与债务期限呈正相关。

2.3.1.6 公司股权结构特点与债务期限结构

我国多数上市公司都有国有股，1996—2005 年，国有股所占比例的均值在 30%~40%，国有资产管理机构作为国家股的代理人，其在公司治理结构过程中并不是一个积极的监督者，难以对管理者进行有效的监督和约束，有时甚至会出现所有权虚置、缺位的情况，国家股背后的产权模糊以及多重代理拉长代理链条，使得所有者不能对管理者进行有效的控制和监督。由于国家股没有真正地人格化，国家作为股东的监督约束功能没有得到充分的发挥，管理者有条件也有动机提高长期债务比例，增加自己能够控制的现金流，为自身效用最大化创造条件。本书拟用国有股股数与企业总股数的比率来表征这一变量，符号记为“*STATE*”。

根据以上分析，笔者提出以下假设：

假设 6：国有股比例与公司债务期限呈正相关。

2.3.1.7　实际税率与债务期限结构

税收假说的代表人物 Boyce 和 Kalotay（1979）认为如果个人与公司所得税不同，且利率的期限结构不是平的，则利率期限结构将会影响债务的税后成本，即债务的避税收益不是独立于债务期限的。特别地，他们发现当利率期限结构上升时，一个高税率的债务人和一个低税率的债权人就可从递减的利息支付中共同受益，此时高税率的债务人发行长期债务是最优的，即公司实际税率与债务期限呈正相关。根据王安兴（2005）的研究，我国的利率期限结构是略向下倾斜，那么依据上述理论，我国公司实际税率与债务期限应该呈负相关。本书拟用公司所得税费用与息税前利润之比来度量该变量，符号记为“*ETR*”。

根据以上分析，笔者提出以下假设：

假设 7：实际税率与公司债务期限呈负相关。

变量定义见表 2-7。

表 2-7　变量定义

变量	指标	符号	定义	预测符号
债务期限结构	长期债务比例	*LTD*	长期债务/总债务	/
资产负债率	资产负债率	*LEV*	总债务/总资产	+/-
公司规模	总资产的自然对数	*SIZE*	LN（总资产）	+
资产期限	固定资产比例	*ASSM*	固定资产/总资产	+
盈利能力	资产净利率	*ROA*	净利润/总资产	+
成长能力	主营业务收入增长率	*DEV*	（R_t-R_{t-1}）/R_t、R_t、R_{t-1} 分别为当年和前一年主营业务收入	+
国有股比例	国有股比例	*STATE*	国有股数/企业总股数	+
实际税率	实际税率	*ETR*	公司所得税费用/息税前利润	-

2.3.2 不同债务期限结构的公司特点对比——独立样本非参数检验

2.3.2.1 独立样本非参数检验研究设计

首先，依据长期债务比例这一变量，利用 K 均值聚类法对样本数据进行分组，分为两组：一组是高长债比例的公司，共有 2194 个观测数据，长期债务比例均值为 0.43；另一组是低长债比例的公司，共有 9093 个观察数据，长债比例均值为 0.06（见表 2-8）。两组公司长期债务比例的差异通过了 *F* 检验，*F* 值为 30625.394，*P* 值为 0，差异在 1%水平上显著（见表 2-9）。

表 2-8 聚类结果

组别	长期债务比例均值	公司数目
债务期限较长的公司（1 组）	0.43	2194
债务期限较短的公司（2 组）	0.06	9093

表 2-9 聚类方差分析

	聚类		误差		*F*	Sig.
	均方	自由度	均方	自由度		
长期债务比例	281.770	1	0.009	11285	30625.394	0.000

其次，用独立样本非参数检验（Mann-Whitney U 检验）比较两组样本公司变量均值间是否有显著差异。笔者认为各个公司负债决策、盈利状况等都是相互独立的，且每个公司 10 年的观测值都被归入同一组，所以可以认为这两组样本是独立样本。之所以用独立样本非参数检验，而不用 *T* 检验来比较变量均值是因为独立样本非参数检验不要求样本服从正态分布，可以在未知样本分布状态下比较均值。

2.3.2.2　独立样本非参数检验结果

表 2-10 显示，除实际税率外，债务期限较长的公司与债务期限较短的公司的各个变量均值都有显著差异，前者的固定资产比例、盈利能力、公司规模、国有股比例及杠杆比例都高于后者，而主营业务收入增长率却低于后者。根据此结果可以得出以下推论。

表 2-10　两类公司各变量均值对比：独立样本非参数检验

变量	聚类组别	观察个数	均值	Mann-Whitney U	Sig.
固定资产比例（*ASSM*）	1	2194	0.503	6107050	0.000
	2	9093	0.317		
盈利能力（*ROA*）	1	2079	0.049	9260679	0.000
	2	8714	0.032		
主营业务收入增长率（*DEV*）	1	2147	0.367	10853792	0.000
	2	8915	0.391		
公司规模（*SIZE*）	1	2194	21.022	10876946	0.000
	2	9093	20.691		
国有股比例（*STATE*）	1	2036	0.422	7178270	0.000
	2	7940	0.373		
杠杆比例（*LEV*）	1	2194	0.581	7305472	0.000
	2	9093	0.494		
实际税率（*ETR*）	1	2194	0.169	6724	0.052
	2	9093	0.216		

注：①1 组是债务期限较长的公司，2 组是债务期限较短的公司；②由于有些公司某些变量的数据缺失，因此各变量的观察个数不同。

固定资产比例高的公司具有较长的债务期限，假设 1 得证，体现了资产与债务期限相匹配的原则。盈利能力强的公司具有较长的债务期限，假设 2 得证。这与信号传递假说不相符，表明我国企业并不考虑短期债务所具有的“信息更新”优势。所谓“信息更新”优势为：短期债务允许高质量公司期中重新制定融资条款，及时利用更多更新的利好信息以提高信用级别，从而减少错误定价的损失。这与我国利率未市场化有关，在利率未市场化状态下，银行没有足够的定价权，企业与银行间进行利率谈判的空间小，因此长期债务的劣势——“错误定价损失”可以忽略不计，短期债务在避免“错误定价损失”方面的优势也就不突出；相反，短期债务的“流动性”风险却显得较为突出。因此，盈利较强的公司会尽可能筹集期限较长的债务。

成长性较强的公司债务期限较短，假设 3 得证。这符合 Myers（1977）代理成本理论，成长机会多的公司面临的投资机会较多，更容易产生次优投资决策，从而损害债权人利益。而短期债务作为一种融资契约，可以起到降低事前代理成本的作用。因此，成长能力强的公司会选择短期债务以缓解与债权人的代理冲突。

公司规模较大的公司债务期限较长，假设 4 得证。规模较大的公司信息不对称和代理问题都不严重，因此大公司不必通过短期债务工具来解决债务人与债权人之间的代理问题。此外，大公司有形资产较多，它们较容易进入长期资本市场，再加上其平均筹资成本也较低，因此，它们有举借长期债务的优势。

资产负债率高的公司债务期限较长，假设 5 得证。在上节已论述过，在我国，长期债务的风险低于短期债务，负债率高的公司为避免财务风险会延长债务期限。

国有股比例高的公司债务期限较长，假设 6 得证。国有股背后模糊的产权以及较长的代理链条，使得所有者不能够对管理者进行有效的控制和监督，管理者会较多使用长期债务以使自己控制更多的自由现金流。

债务期限长的公司比债务期限短的公司的实际税率低，但是差异不显著，假设 7 没有得到经验支持。

2.3.3　公司特点与上市公司债务期限结构关系的计量模型检验

2.3.3.1　数据样本选择

本节以 1996—2005 年沪深两市除金融类公司以外的所有 A 股上市公司为研究样本。为了全面地反映上市公司的情况，本书没有剔除 ST 公司，但是为了消除极端值和异常值的影响，剔除了资产负债率大于 300%的财务状况极不正常及主营业务收入增长率超过 600%的公司。最后得到 A 股上市公司样本总观测数量为 11287 的非平衡面板数据（unbalanced panel），观测数目从 1995 年的 863 个增加到 2005 年的 1326 个，所有数据都经过了行业调整，以控制行业因素的影响。数据来源是 Wind 资讯，所用软件是 Eviews5. 0。

2.3.3.2　模型设定与估计方法选择

本书的实证研究用的都是面板数据，它增加了变量间的多变性，减少了共线性，并且提高了自由度和估计有效性，它是目前用得比较广泛的数据类型。处理面板数据的模型主要有固定效应模型，它可以控制企业个体因素对研究变量的影响。本书假定误差项 ε_i 与回归元 X 相关，且样本不是随机抽取，这一假定是符合实际的，因此选用如下固定效应回归模型（李子奈，2000）：

$$y_{it} = \alpha_i + \sum_{k=1}^{6} \beta_k x_{itk} + \varepsilon_{it},\ i = 1, 2, 3, \cdots;\ t = 1, 2, 3, \cdots, 10 \tag{2-1}$$

其中，y 是被解释变量长期债务比例 *LTD*；x 是解释变量；β 是回归系数；α 是固定效应，是随截面个体变化而不随时间变化的截距项；ε 是随机误差项。同时，笔者还加入了年度控制变量，以控制时间因素对债务期限结构的影响。在模型中，解释变量分别为：资产期限变量（*ASSM*）、盈利能力变量（*ROA*）、成长性变量（*DEV*）、杠杆比例变量（*LEV*）、股权结构变量

（*STATE*）、公司规模变量（*SIZE*）及年度控制变量（*YEAR*）。笔者计算了这些解释变量的方差膨胀因子都小于 10，因此不存在多重共线性问题。

笔者用可行广义最小二乘法（*FGLS*）对模型进行估计，如果模型存在异方差和序列相关问题则自动消除；如果没有，则等价于普通最小二乘法（李子奈，2000）。笔者还注意到资本结构变量可能存在内生性问题，因此对模型做了豪斯曼检验（Hausman Test），检验结果接受了零假设，说明资本结构不存在内生性问题，债务期限结构对资本结构的反作用可以忽略不计。

2.3.3.3 模型有效性检验

调整后 R^2 为 0.8583，说明模型对数据的拟合程度较好；*F* 统计量值为 38.9147，说明模型的线性关系是显著的；*D*-*W* 值是 1.9470（见表 2-11），说明模型没有序列相关问题，即没有遗漏重要解释变量；回归系数都在 5%以上水平显著。因此模型的回归结果是非常好并有效的。

2.3.3.4 回归结果分析

表 2-11 显示，固定资产比例、盈利能力、资本结构、国有股比例、公司规模与债务期限呈正相关，成长性与债务期限呈负相关，这一结果与上节独立样本非参数检验的结果相同，说明这一估计结果是稳健的。

表 2-11　公司特点与债务期限结构关系固定效应模型回归结果

解释变量	回归系数	*T* 统计量	Sig.
ASSM	0.2417***	15.5237	0.0000
ROA	0.0007***	5.4509	0.0000
DEV	-3.75*E*-5**	-2.2460	0.0433
LEV	0.0371***	6.2344	0.0000
STATE	0.0005***	3.6286	0.0057
SIZE	0.0369***	10.3027	0.0000
ETR	-1.26*E*-5	0.7543	0.2608
YEAR	0.0219***	6.2475	0.0000

续表

解释变量	回归系数	*T*统计量	Sig.
R^2	0. 8583	*F* 统计量	38. 9147
调整 R^2	0. 8363	*D-W* 值	1. 9470
回归标准误	0. 8948	观察个数	11287

注：①固定效应与年度控制变量回归系数未报告；②所用估计方法为 *FGLS*；③***、**分别表示在 1%、5%水平上显著。

固定资产比例的回归系数最大，表明它对公司债务期限结构的影响也最大，由此可见，资产或项目的特点是公司债务期限决策考虑最多的因素。公司规模和杠杆比例对债务期限结构也有较大影响，因此，公司实力和财务状况也是债务期限结构决策需要考虑的重要因素。盈利能力和股权结构特点对债务期限结构的影响较小，但是非常显著。成长性变量回归系数绝对值最小，仅为-3. 75E-5，但显著性也比较高，在 5%水平上显著。实际税率的系数为负，但是不显著。年度控制变量为正，并在 1%水平上显著，说明宏观环境对公司债务期限结构有显著影响。由于计量模型回归结果与上节独立样本非参数检验的结果完全一致，因此，这里不再重复变量间关系符号的经济含义。

这个结果充分说明，期限匹配假说和代理成本假说在我国是适用的，而信号传递假说和税收假说在我国不适用。根据代理成本假说，债权人与债务人之间存在信息不对称，债权人对债务人的信用级别、投资项目质量、现金流等方面无法掌握充分的信息。债务人举债后会出现道德风险问题，当债权人预料到在现有的经济法律环境下资金的安全性得不到有效保障时，就会采用各种事前偿债保障手段来降低信贷风险，如提高债务定价、在债务合同中规定更多的限制性条款、要求债务人披露更多的信息等，但是最直接且成本较低的手段就是缩短债务期限。因此，根据代理成本理论，大企业由于信息披露较多，信息不对称程度较低，其长期债务比例就相对较高。同理，财务状况良好、盈利能力强的公司，其违约的可能性较低，长期债务比例也会比较高。而成长性强的公司通常规模较小，面临的投资机会较多，因此极易出现“资产替代”等道德风险问题，此类公司的债务期限会相对较短。代理成本的这些理论预期都在实证检验中得到了证实。资产期限和债务期限相匹配是债务人和债权人都遵循的用来降低违约风险的原则，这一原则同样适用于我国上市公司，在实证检验中也得到了证实。信号传递假说认为盈利能力与债务期限呈负相关，这一预期与实证结果相反；税收假说预期当利率期限结构向下倾斜时，实际税率高的企业债务期限较短，这在实证中也未得到证实。

这也说明，目前我国企业债务期限决策中主要考虑如何解决与债权人的代理冲突，从而获得债务资金，并在此基础上降低融资成本。同时，企业债务融资中也兼顾资产特点，以降低融资风险。短期债务比例偏高正是企业和债权人博弈的结果，是对目前我国利率市场化程度不高、债券市场不发达、破产机制不完善等宏观环境的反映。

2. 3. 3. 5 稳健性检验

为了检验回归结果的稳健性，本书改变上文一些变量的度量方法，对模型重新做回归。首先，用长期借款比例代替原来的长期债务比例，保持其他变量不变，对模型重新做回归。结果显示：所有解释变量回归系数的符号和显著性水平与原回归结果是一致的，而数值有稍许差别，但是都是在万分位上或万分位以后出现的差别，例如，国有股比例变量的回归系数由原来的 0. 00053 变为 0. 00057。

接着，换用市盈率倒数来度量企业成长机会变量，用息税前利润来度量企业盈利能力变量，用主营业务收入总额的自然对数来度量企业规模（Datta, 2005），对模型做回归。新的回归结果与原回归结果基本一致，各解释变量的回归系数符号都没有改变，只有成长机会变量回归系数变得不显著。总的看来，模型的回归结果是稳健的。

2.4 本章小结

我国公司的债务期限结构有着自身特点，短期债务占总债务的比例约为86%，这与法国、德国、英国、美国公司的40%、43%、53%和28%的短期债务比例有着极大的差别，并且，企业债务的主要融资来源是银行借款，占了债务总额的一半以上。本章依据现有债务期限结构的理论假说，利用Mann-Whitney独立样本非参数统计检验方法和固定效应计量模型，从微观层面即公司的角度探究了我国上市公司短期债务主导型债务期限结构的成因，得出以下结论：

我国上市公司债务期限与规模、盈利能力、负债比率呈正相关，而与成长性呈负相关，符合代理成本假说预期，反映了缓解债务人与债权人的代理冲突是目前我国企业债务期限结构决策的主要影响因素。在我国，企业与债权人之间存在较大信息不对称，企业举债后可能会出现败德行为以至于损害债权人的利益，当债权人预期在现有的宏观环境下资金的安全性得不到有效保障，或者是债务人认为举借长期债务的代理成本较高时，缩短债务期限对双方来说则是降低融资成本和信贷风险的有效手段。因此，目前我国企业短期债务比例偏高正是企业和债权人博弈的结果，是对目前我国利率未市场化、债券市场不发达、破产机制不完善等宏观环境的反映。

我国上市公司债务期限与资产期限呈正相关，期限匹配假说得到了证实。资产期限和债务期限相匹配的原则是债务人和债权人普遍遵循的用来降低违约风险和融资成本的原则，这一原则同样适用于我国上市公司。

我国上市公司债务期限与盈利能力呈负相关，与实际税率呈正相关，这与信号传递假说和税收假说的理论预期相反，这两个假说未得到证实，反映了我国上市公司债务期限结构决策中很少考虑避税收益和债务期限结构的信号作用。

第3章　基于行业条件、宏观制度的中国上市公司债务期限结构成因研究

3.1　引言

公司债务期限结构不仅受微观公司特点的影响，也受宏观制度及行业条件的影响，本章将对这两个层面的因素进行深入研究。

在20世纪80年代，以Brander和Lewis发表于《美国经济评论》的《寡占与财务结构：有限责任效应》一文为标志，“战略债务”（strategic debt）理论逐步发展起来，学者开始关注产品市场竞争与资本结构之间的互动关系。债务的存在将改变公司股东的产品市场行为以及竞争对手对其行为的期望，合理的债务决策会加强公司的市场竞争地位，产生重要的“战略效应”。鉴于此，企业会充分考虑行业市场条件，从竞争战略角度出发来进行债务决策，即行业市场条件是影响债务决策的重要因素，它与企业债务的显著相关性，体现了企业对债务的战略性使用。

国内外文献对债务与行业条件关系的研究较多，但对债务期限结构与行业条件的关系研究较少。Fudenberg和Tirole（1986）、Brander和Lewis（1986）、Showalter（1995，1999）、Glazer（1994）、Chevalier（1995）、Lyandres（2003）等对债务的战略破产效应、有限责任效应及战略投资效应做了深入的理论分析或实证检验，证明了债务水平与行业条件有显著相关性。国内朱武祥等（2002）、刘志彪等（2003）、虞慧晖和贾婕（2005）等着重考察了

市场竞争强度对企业资本结构的影响。

事实上，不同到期期限的债务是不同性质的债务，它们对企业的破产风险、财务灵活性、后续融资能力以及市场博弈中企业信号传递等的影响作用是不同的，因而需要把它们区分开来研究。Erol（2005）直接研究了债务期限结构与市场条件之间的关系，他用土耳其制造行业的数据检验了产品市场需求的波动性、成本的波动性及公司的实物资产与债务期限的关系，验证了长期债务的战略作用。同时，作者指出由于土耳其公司数据收集比较困难，他使用了行业数据而非公司数据，这是其研究主要不足之处，也为笔者的进一步研究留下了余地。

本书与现有文献的不同之处在于：综合运用行业和公司的面板数据对公司的债务期限决策进行深入研究；设计了市场集中度、产品差异化、销售收入与销售成本的 HP 滤波等变量，从多角度考察市场条件与债务期限结构的关系。

此外，经济状况、金融法律制度对企业债务期限选择也有着重要影响，它通过影响债务人与债权人之间的各种交易成本、代理成本、逆向选择成本等，进而影响企业债务结构决策。笔者对宏观制度影响作用的研究分两部分内容：第一部分着重考察了利率市场化对我国公司债务期限结构的影响，并同时兼顾了通货膨胀和 GDP、利率期限结构等宏观变量；第二部分通过各国债务期限结构的对比，考察了经济法律制度对公司债务期限结构的影响。

利率市场化改革是我国一项重大的金融改革内容，也被认为是对企业融资行为产生重要影响的宏观政策，麦金农和肖的“金融抑制理论”和“金融深化理论”认为政府直接制定存贷款利率或规定名义利率上限，会导致利率远远低于市场均衡水平，资金无法得到有效配置，金融机构与企业融资行为发生扭曲，金融机构缺乏改善经营业绩的动力，企业普遍存在资金饥渴和投资效率低下等问题。鉴于此，20 世纪 80 年代以来，许多国家纷纷进行了以利率自由化为标志的金融自由化改革实践。

我国利率市场化改革始于 1996 年 6 月 1 日人民银行放开银行间同业拆借利率。随后，央行又多次扩大贷款利率的浮动区间，直到 2004 年 1 月 1 日，再次扩大贷款利率的浮动区间，同时浮动区间不再根据企业所有制性质、规模大小分别制定；2004 年 10 月 28 日，人民银行宣布取消除城乡信用社以外金融机构贷款利率上限，这项举措被巴曙松称为极具里程碑意义，它大大推进了我国利率市场化进程。同时，也为研究利率市场化对企业融资行为的影响提供了契机。为了更为全面、清晰地了解企业在利率市场化前后融资行为的变化，笔者同时对资本结构和债务期限结构进行了考察，分别以它们为被解释变量做了计量回归模型。

国外已积累了较多关于利率自由化与企业融资的文献，Ameer（2003）利用印度、印度尼西亚、巴基斯坦、泰国等东南亚国家的数据研究了金融自由化对企业资本结构的影响。他构建了金融自由化指数，利用动态资本结构模型进行回归，得出结论：利率/金融自由化后，企业的资本结构趋向最优，自由化会导致更高的经济效率、更少的外债和更好的经济发展。M. Siregar（1992）通过研究印度尼西亚企业财务数据，发现金融自由化后小企业的杠杆比率有显著增加。Jaramillo 等（1992）对厄瓜多尔企业的研究表明：所有企业的杠杆比率都是减少的，小企业减少得尤其显著。国内虽然有大量文献讨论利率市场化与企业融资决策关系，但是利用数据进行实证检验的文献却非常少，唯有唐国正、刘力（2005）通过构建资本结构选择的古典模型，从理论上阐明了利率管制对公司资本结构选择会有显著影响，并利用 1996—2002 年上市公司数据揭示了公司债务的净税盾价值、利率扭曲价值以及债务相对于股权的成本优势。

利率市场化改革的成效最终要反映到企业融资需求及结构变化上来，因此，本书利用协方差分析模型（Analysis of Covariance，ANCOVA），通过研究企业融资行为方程在贷款利率上限取消后的变化来分析利率改革对企业的影响。本书与现有文献的区别在于：首先，上述多数文献使用的是宏观数据，而本书用的是企业层面的数据；其次，本书使用了虚拟变量回归，它是研究政策效果的有力工具；最后，直接研究企业融资行为方程变化的文献非常少，而利率市场化改革的成效最终要反映到企业融资需求及结构变化上来，它所受的影响是最直接、最易观察到的。

3.2　行业条件、竞争行为与公司债务期限结构

3.2.1　研究假设发展

3.2.1.1　市场结构与公司债务期限结构

在寡头竞争市场中，短期债务的使用是一把双刃剑：一方面它有诸多优势，例如，可以解决股东与经理人的代理冲突，但另一方面使公司更易于受竞争对手掠夺行为（predation）的侵害。Kanatas 和 Qi（2001）证明了在厂商古诺博弈中，竞争对手不管自己是低成本类型还是高成本类型，它都会提高产出，向短期债务市场的信贷者传递自己是低成本的信号，信贷者据此信号预测公司第二期可能盈利甚微或没有盈利，则会拒绝向公司提供再融资，由此迫使公司进行项目清算。行业集中度较高、产品差异化程度越大时，竞争对手的掠夺行为使那些使用短期债务较多的公司损失越大。我国企业的主要债务融资来源是银行，银行在信贷管理中虽然有信息收集优势，但是也极易受垄断竞争行业中竞争者信息的误导，以致造成好项目的无效率清算（Gelos and Werner，2002）。此外，我国银行普遍存在“惜贷”现象，因此短债过高的公司会有较大的流动性风险，财务风险很容易转化成经营风险，在产品市场竞争中处于劣势地位。对于市场集中度较高行业中的公司来说，这个问题尤其严重。同时，市场集中度和产品差异度高的行业的公司盈利性较好，更容易得到银行贷款。综上所述，提出如下假设：

假设1：在市场集中度和产品差异度较高的行业，公司的长期债务比例较高。

3.2.1.2 产品需求的季节性波动与公司债务期限结构

周期性产品需求会加大公司短债的使用，短期债务在节约利息成本的同时可以从以下几个方面影响利润：减少公司的长期边际成本（缘于边际利息成本的减少）；扩大总产出，允许在高峰期有更多的产出、较低的价格，增加总收入和总利润（该厂商是不完全竞争者，且产品有较大的需求弹性）；增加营运资产投入；减少非高峰期的银根宽松（financial slack）状况，不存在超额融资；加快资产周转速度；等等（Emery，2001）。短期债务的优势之一就是可以增加公司的财务灵活性，使厂商投资生产行为与产品需求特点更匹配。我国公司短期债务的主要融资渠道是银行贷款和商业信用，它们具有较高的可获得性和较低的融资成本，分别占短期债务的39.4%和30.5%，公司完全有条件利用短期债务尤其是商业信用保持生产和投入的弹性。据此，可以得出如下假设：

假设2：产品需求季节性波动程度越大，则公司的短债比例越高，债务期限与产品需求季节波动程度成反比。

3.2.1.3 产品及投入品市场波动与公司债务期限结构

战略债务理论认为，使用战略债务的公司会随着产品市场需求不可预期的增加而提高负债水平，利用债务的有限责任和可置信事前承诺（credible pre-commitment）效应，在古诺竞争中采用高产量策略（Brander and Lewis，1986），迫使理性竞争对手做出让步，其竞争行为更具有进攻性。Showalter（1995，1999）指出，在伯川德竞争中，仅当产品市场需求不确定时，公司使用债务才会有战略优势；而当成本市场不确定时情况却相反，高债务会使公司陷入财务危机。

Glazer（1994）区分了不同债务期限所具有的战略效应，他认为上述分析只适用于短期债务，长期债务的使用更易促使寡头间合谋，使竞争趋于缓和。当市场需求不确定时，拥有较多长期债务的公司在古诺竞争和伯川德竞争中都有和谋的倾向，即他们在第一期的定价较高或者产量较低，第二期将会以高剩余债务作为可置信威胁逼迫对手做出让步，从而增加股东剩余价值。这意味着，当市场需求有不可预期的增加时，若公司的长期债务有所增加，则债务的战略效应比较显著。当生产成本有不可预期的增加，较多使用短期债务可以增强公司的进攻性。

Erol（2005）利用土耳其制造业的数据进行实证研究的结果是，市场需求的增加会引起长期债务的更多使用，长期债务较具有战略性质；成本的增加会引起短期债务的增加，短期债务的战略效应不突出，它更多表现为一种解决流动性约束的融资工具。

在我国，由于公司长期债务融资渠道较少，可获得性较低，因此其对产品需求和成本的变动可能不敏感，而短期债务由于有较高的再融资风险，所以它的战略效应并不显著，尤其在垄断竞争市场中更是如此，它更可能被企业用来满足融资需求。

根据以上分析，笔者提出以下假设：

假设3：行业成本和需求的变动与我国公司短期债务比例呈正相关，债务主要表现为一种解决流动性约束的融资工具。

3.2.2 实证研究设计

3.2.2.1 变量度量

（1）被解释变量：债务期限结构（*LTD/STD*）

借鉴 Datta、Iskandar-Datta 和 Ramman（2005）的方法，选用上市公司财务报表中的长期债务与总债务的比例来度量债务期限结构。同时，笔者还将以短期债务占总债务的比例作为被解释变量，以便更清楚地反映长、短期债务对市场条件的反应。

（2）解释变量

行业市场条件替代变量的选取借鉴了 Chevalier（1995）、Showalter（1999）、Erol（2005）等的方法及产业组织理论，变量是市场集中度、产品差异化、产品需求和成本的波动。市场集中度和产品差异化测度了同一行业中企业间的竞争强度；产品需求和成本的波动影响企业的产量决策及博弈行为，这些变量都较好地测度了企业面临的市场竞争环境。

市场集中度（*HHI*）：本书拟采用 *HHI* 指数来表征市场集中度。*HHI* 指数的计算公式：

$$HHI = \sum_{i=1}^{n} (s_i/s)^2 \tag{3-1}$$

其中，$s = \sum_{i=1}^{n} s_i$，s_i 为本行业内第 i 个企业销售收入，在本书即为上市公司的主营业务收入，n 为行业内企业的个数。

本书对此变量的数据收集和处理是非常谨慎的。考虑到制造业绝大部分大中型企业都已上市，因此本书选取了制造业上市公司作为研究对象，根据证监会行业分类标准及《中国统计年鉴》的行业数据，检索出制造业各二级分类行业的总销售收入，然后对各行业上市公司进行排名，计算出前八强的市场份额，从而得到行业集中度。这样计算出来的数值可能会比真实值略低，但是已可以较为准确地反映制造业各个二级分类行业的集中度状况。

产品差异度（*PDF*）：其常用度量指标是“广告密度”，即行业总的广告费用与总销售收入的比值。由于很难收集到行业广告费用，本书用销售费用来代替之，《中国统计年鉴》中定义销售费用内容主要包括广告费、包装费、展览费、销售人员工资、福利以及运输装卸费。由此可见，销售费用完全可以反映企业在产品差异化方面所做的努力。本书用行业销售费用与行业销售收入的比值来表征此变量。

产品需求的季节性波动程度（*DEMCV*）：本书拟用公司一年四个季度销售毛利率的变异系数来度量此变量。该指标可以充分反映公司销售状况在季节上的波动强度。

产品需求及成本的波动（*DEMHP/COSTHP*）：借鉴 Erol（2005）的方法，本书采用 HP 滤波法分解出行业总销售量和销售成本的波动成分。HP 滤波法是常用的分解经济变量长期稳定趋势和波动成分的方法，其原理如下：

$y_t = g_t + c_t$，y_t 是宏观经济变量，c_t 是其非稳定部分，g_t 是其稳定趋势部分。

通过解以下最小化问题：

$$\mathrm{Min}\left\{\sum_{t=1}^{T}(y_t-g_t)^2+\lambda\sum_{t=2}^{T-1}[(g_{t+1}-g_t)-(g_t-g_{t-1})]^2\right\} \tag{3-2}$$

得出 g_t 的估计式：$\hat{g}=(\lambda F+I)^{-1}y$，$\lambda$ 是权重，F 是一阶条件矩阵，I 是单位阵。

笔者用 Eviews5.0 的矩阵语言编程计算出制造业各子行业 5 年（2001—2005 年）的销售收入与销售成本的波动成分。为了避免各行业销售收入与销售成本绝对数上的差别，本书用波动成分与 5 年内平均数的比值来反映销售收入与销售成本的波动状况。

另外，资产负债率、公司规模、资产期限、盈利能力、成长能力及国有股比例都会对债务期限决策产生影响（张祥建、郭岚，2005；张祥建、徐晋，2005；Barclay and Smith，1995；赵蒲、孙爱英，2004）。本书把它们作为控制变量纳入回归方程。所有这些变量的定义及预测符号见表 3-1。

表 3-1　变量定义

	变量	指标	符号	定义	预测符号（*LTD*）
被解释变量	债务期限结构	1. 长期债务比例	*LTD*	长期债务/总债务	
		2. 短期债务比例	*STD*	短期债务/总债务	
解释变量	市场集中度	赫芬达尔指数	*HHI*	前八强公司市场份额的平方和	+
	产品差异化	产品差异度	*PDF*	行业销售费用/行业销售收入	+
	需求季节性波动	销售收入变异系数	*DEMCV*	公司主营业务收入四个季度变异系数	-
	行业需求波动	行业销售收入波动	*DEMHP*	行业销售收入 HP 滤波波动成分与四年平均数的比值	+/-
	行业成本波动	行业销售成本波动	*COSTHP*	行业销售成本 HP 滤波波动成分与四年平均数的比值	+/-

续表

	变量	指标	符号	定义	预测符号（*LTD*）
控制变量	资产负债率	资产负债率	*LEV*	总债务/总资产	+/-
	公司规模	总资产的自然对数	*SIZE*	LN（总资产）	+
	资产期限	固定资产比例	*ASSM*	固定资产/总资产	+
	盈利能力	资产净利率	*ROA*	净利润/企业总资产	+
	国有股比例	国有股比例	*STATE*	国有股数/企业总股数	+
	成长能力	主营业务收入增长率	*DEV*	$(R_t-R_{t-1})/R_t$，R_t、R_{t-1} 分别为当年和前一年主营业务收入	-
	宏观状况	年度变量	*YEAR*	年份虚拟变量	+/-

3.2.2.2 数据样本选择

考虑到市场集中度度量的严密性，且制造业具有很好的代表性，本书选用了2002年以前沪深两市制造业A股上市公司作为研究样本。选择2002—2005年数据的主要原因：一是较早年份变量数据不全；二是考虑到在最近几年，越来越多的公司注重债务期限搭配。

出于研究需要，剔除了以下几种情况的公司：一是制造业中上市公司个数低于10的子行业；二是数据不全或指标值有明显测量误差的公司；三是盈利能力和负债比例异常的公司。最后得到555个公司、2220个观察数据、17个制造业子行业。

所有公司财务数据来源Wind数据库，行业数据来源国研网、中国咨讯行及中宏数据库，数据处理软件是Eviews5.0。

3.2.2.3 研究方法

（1）独立样本非参数检验

首先，依据长期债务比例这一变量，利用*K*均值聚类法对样本数据进行分组，分为两组：一组是高长债比例的公司，共有475个观察数据，长债比例均值为0.38；另一组是低长债比例的公司，共有1745个观察数据，长债比例均值为0.06。接着，用独立样本非参数检验（Mann-Whitney U检验）比较两组样本解释变量均值间是否有显著差异。笔者认为各个公司负债决策、盈利状况等都是相互独立的，且每个公司四个观测值都被归入了同一组，所以可以认为这两组样本是独立样本。

（2）模型设定

处理面板数据的模型主要有固定效应模型和随机效应模型，本书假定误差项 ε_i 与回归元 X 相关，且样本不是随机抽取。这一假定是符合实际的，因此选用如下固定效应回归模型：

$$y_{it} = \alpha_i + \sum_{k=1}^{11} \beta_k x_{itk} + \varepsilon_{it}, \ i = 1, 2, 3, \cdots, 555; \ t = 1, 2, 3, 4 \tag{3-3}$$

y 是被解释变量 *LTD* 或 *STD*；x 是解释变量和控制变量，依次为：*HHI*、*PDF*、*DEMCV*、*DEMHP*、*COSTHP*、*LEV*、*SIZE*、*ASSM*、*ROA*、*DEV*、*STATE*。α_i 是固定效应。此外，笔者还加入年度变量以控制年度宏观状况的影响。笔者检验了模型的多重共线性问题。模型中11个回归元的方差膨胀因子都在10以下，表明模型共线性问题不严重。但是通过计算它们的相关系数矩阵发现，产品需求波动变量（*DEMHP*）与成本波动变量（*COSTHP*）有显著相关性，皮尔逊相关系数达到0.192，并在1%水平上显著，产品差异度变量（*PDF*）与产品需求波动变量（*DEMHP*）也有显著相关性，相关系数为-0.154，在1%水平上显著。因此本书分别对它们做了回归，模型1和模型4中剔除了 *COSTHP* 变量，模型2和模型5中剔除了 *DEMHP* 变量，模型3和模型6中剔除了 *COSTHP* 和 *PDF* 两个变量（见表3-3）。

根据一般经验做法，本书直接用可行广义最小二乘法（*FGLS*）对模型进行估计，如果模型存在异方差和序列相关问题则自动消除；如果没有，则等价于普通最小二乘法（李子奈，2000）。笔者还注意到资本结构变量可能有内生性问题，因此对模型做了豪斯曼检验（Hausman Test），检验结果接受了零假设，说明资本结构不存在内生性问题。

3.2.3 不同债务期限结构公司的行业市场条件对比

3.2.3.1 市场集中度、产品差异度的行业特征和时序特征

日本公正交易委员会将 *HHI* 指数转化成 0~10000 的数值，把市场结构划分为六种类型，当 *HHI*≤500，则为竞争型。我国制造业各二级行业的 *HHI* 都小于 500，最大的是化学纤维制造业，为 61.22，说明我国制造业竞争相当激烈。从图 3-1 中可以看到，集中度较高的行业有化学纤维制造业、金属制品业、黑色金属冶炼及压延加工业。

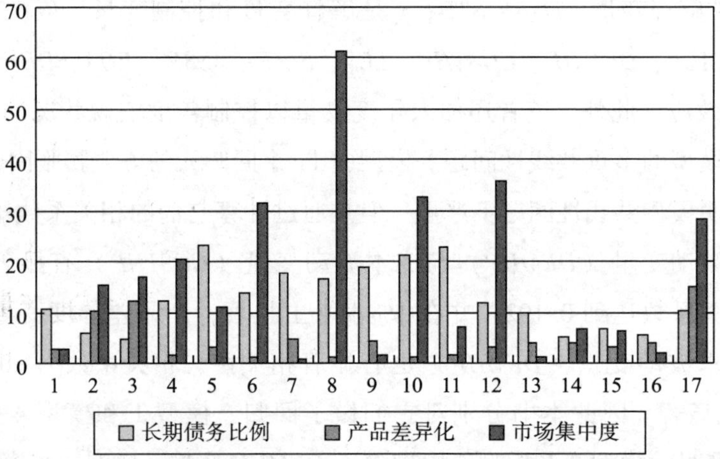

图 3-1 制造业上市公司债务期限、市场集中度、产品差异化子行业特征

注：横轴是 17 个行业，分别为：1. 食品加工业；2. 食品制造业；3. 饮料制造业；4. 纺织业；5. 造纸及纸制品业；6. 石油加工及炼焦业；7. 化学原料及化学制品业；8. 化学纤维制造业；9. 非金属矿物制品业；10. 黑色金属冶炼及压延加工业；11. 有色金属冶炼及压延加工业；12. 金属制品业；13. 普通机械制造业；14. 专用设备制造业；15. 交通运输设备制造业；16. 仪器、仪表及文化办公用机械制造业；17. 医药制造业。纵轴的单位是百分数和万分数。纵轴长期债务比例和产品差异化的单位都是百分百（%），市场集中度的单位是日本公正交易委员会 *HHI* 指数转化值。

资料来源：Wind 资讯。

产品差异化比较突出的行业是医药制造业、食品制造业和饮料制造业，销售费用占到销售收入的 10%以上，这符合我们的感性认识，生活中确实这

几个行业的广告投入较多。产品差异度较低的行业是石油加工及炼焦业、化学纤维制造业。从图 3-2 中可以看出，市场集中度较高的行业长期债务比例也较高，支持了假设 1。

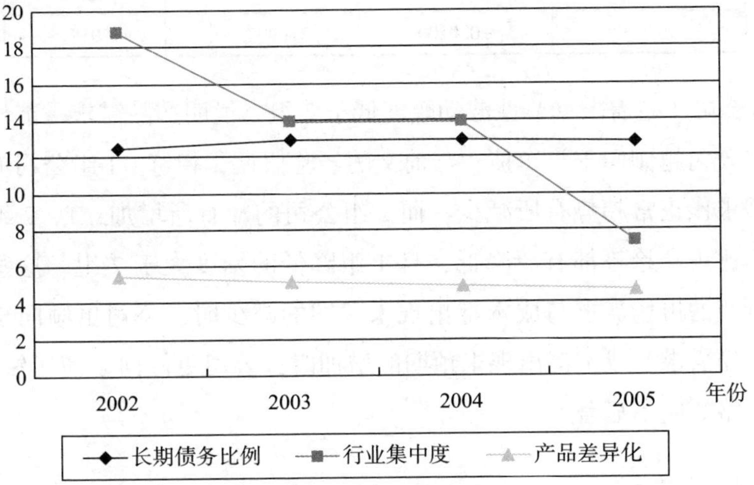

图 3-2　制造业上市公司债务期限、市场集中度、产品差异化的时序特征

注：纵轴长期债务比例和产品差异化的单位都是百分百（%），市场集中度的单位是日本公正交易委员会 *HHI* 指数转化值。

资料来源：Wind 资讯。

3.2.3.2　独立样本非参数检验结果

表 3-2 给出了独立样本非参数检验的结果。长债务期限公司（1 组）与短债务期限公司（2 组）市场变量均值都有显著差异，说明这两组公司具有不同的特征。1 组公司的市场集中度高于 2 组，产品差异化低于 2 组，可见 1 组公司面临的市场竞争环境不像 2 组那么严酷，同时反映了行业集中度高的公司更倾向于举长债。

表 3-2　两组不同债务期限公司市场条件变量均值比较

	长债务期限公司	短债务期限公司	Mann-Whitney U	Wilcoxon W	Sig.
HHI	0. 0014	0. 0013	385930. 50	498980. 50	0. 021
PDF	0. 0408	0. 0532	363366. 50	476416. 50	0. 000

续表

	长债务期限公司	短债务期限公司	Mann-Whitney U	Wilcoxon W	Sig.
DEMCV	0. 1997	0. 2530	365602. 00	478652. 00	0. 000
DEMHP	−0. 0170	0. 0401	378399. 50	491449. 50	0. 004
COSTHP	−0. 0237	−0. 0200	379907. 50	492957. 50	0. 005

1 组公司产品需求季节性波动幅度低于 2 组，说明产品需求季节性波动幅度越大，公司越倾向于举短债，与前文的经验假设 2 相符。1 组公司面临的行业市场需求比正常趋势有所减少，而 2 组公司的却有所增加；1、2 组公司面临的成本比正常趋势都有所降低，且 1 组降低的幅度大于 2 组。这些反映了当整个行业的市场需求与成本都出现未预期的减少时，公司更倾向于使用长期债务；当需求与成本都出现未预期的增加时，公司更倾向于使用短期债务，债务的战略效应不显著。

3. 2. 4 固定效应回归模型估计结果分析

3. 2. 4. 1 模型有效性检验

表 3-3 给出了回归结果。这 6 个模型的拟合优度都较高，调整后 R^2 超过了 0. 9；*F* 值都在百位数以上，最小为 164. 474，模型的显著性较高；模型的标准误都较小，最大仅为 0. 0786；*DW* 值都基本等于 2。模型几乎没有序列相关问题，没有遗漏重要变量。除产品需求季节性波动程度（*DEMCV*）外，其他变量的系数都很显著。

表 3-3 市场条件和公司债务期限结构回归模型估计结果

解释变量	被解释变量 *LTD*			被解释变量 *STD*		
	模型 1	模型 2	模型 3	模型 4	模型 5	模型 6
HHI	1. 4842***	1. 3761***	2. 3424***	−1. 6826***	−1. 3978***	−2. 5388***
	(3. 5126)	(3. 0443)	(6. 5282)	(−4. 1433)	(−3. 1584)	(−6. 8426)

续表

解释变量	被解释变量 *LTD*			被解释变量 *STD*		
	模型1	模型2	模型3	模型4	模型5	模型6
PDF	0.9616***	0.8313***		-1.0047***	-0.8470***	
	(8.7876)	(6.4084)		(-9.1188)	(-6.6254)	
DEMCV	-0.0005	-0.0008	-0.0002	3.47E-05	0.0010	6.81E-05
	(-0.2873)	(-0.4354)	(-0.1547)	(0.0212)	(0.5685)	(0.0437)
DEMHP	-0.0009		-0.0020**	0.0012		0.0020*
	(-0.6922)		(-1.9873)	(0.9522)		(1.8608)
COSTHP		-0.0214***			0.0227***	
		(-3.2137)			(3.6241)	
LEV	0.0371***	0.0387***	0.0318***	-0.0377***	-0.0392***	-0.0322***
	(6.2344)	(6.4221)	(5.8889)	(-6.2983)	(-6.5451)	(-5.9228)
SIZE	0.0613***	0.0615***	0.0534***	-0.0602***	-0.0606***	-0.0523***
	(20.8801)	(20.6461)	(20.5751)	(-20.4942)	(-20.3719)	(-19.7165)
ASSM	0.1736***	0.1683***	0.1638***	-0.1785***	-0.1718***	-0.1692***
	(20.3799)	(18.3622)	(20.2280)	(-20.9039)	(-18.7877)	(-19.8980)
ROA	0.0428***	0.0465***	0.0374***	-0.0443***	-0.0470***	-0.0392***
	(5.4905)	(5.8644)	(5.0071)	(-5.7100)	(-5.9842)	(-5.2097)
INCR	-0.0047***	-0.0072***	-0.0037***	0.0054***	0.0075***	0.0040***
	(-3.7667)	(-6.1827)	(-3.1830)	(4.4236)	(6.4064)	(3.2094)
STATE	0.0390***	0.0337***	0.0425***	-0.0384***	-0.0334***	-0.0424***
	(9.5320)	(8.1798)	(11.1583)	(-9.3757)	(-8.2038)	(-11.0816)
R^2	0.9836	0.9824	0.9849	0.9997	0.9997	0.9998
调整 R^2	0.9780	0.9765	0.9797	0.9996	0.9996	0.9997
回归标准误	0.0784	0.0785	0.0785	0.0785	0.0785	0.0786
F 统计量	176.4989	164.474	191.2453	9846.715	9595.383	13084.50
D-W 值	2.0293	2.0234	2.0273	2.0280	2.0249	2.0197
观察个数	2220	2220	2220	2220	2220	2220

注：①横截面和年度固定效应回归结果未报告；②***、**、*分别代表1%、5%和10%的显著水平；③括号里数值为系数的 *t* 统计量值；④所用估计方法为FGLS。

3.2.4.2 回归结果分析

从表 3-3 中可以看出，*HHI* 系数和 *PDF* 系数在前 3 个模型中为正，在后 3 个模型中为负，说明市场集中度、产品差异化与债务期限呈正相关，即在市场集中度较高、产品差异化较大的行业，也就是在高垄断程度的行业，公司的债务期限比较长。这既可能是因为垄断行业的技术特点和良好的盈利性使其有需求有条件筹集到长期债务资金，也可能是因为垄断行业公司主动使用长期债务来加强竞争地位，这就需要结合其他变量的回归结果综合分析。

DEMHP 与长期债务比例呈负相关，与短期债务比例呈正相关，即当行业市场需求有未预期的增加时，公司会减少长期债务使用，增加短期债务使用；*COSTHP* 的系数在 1%的水平上显著，它与长期债务比例呈负相关，与短期债务比例呈正相关，即当行业成本有未预期的增加时，公司会减少长期债务使用，增加短期债务使用。这表明了长期债务的战略效应并不显著，公司主要使用短期债务来适应行业条件变化所带来的融资需求的变化。*DEMCV* 系数不显著，假设 2 没有得到验证。

综合以上结果分析可以得出结论：市场条件会影响公司的债务期限结构决策，市场集中度、产品差异度与我国公司短期债务比例呈负相关，而同时行业需求、成本的变动与其呈正相关，反映了在目前融资环境下，公司运用长期债务参与市场竞争的条件和意识还不强，短期债务被使用以满足资金流动性需求。控制变量的回归结果参见表 3-3，与上一章公司特点与债务期限结构研究结果一致，这里不再赘述。

3.2.4.3 稳健性检验

为了检验回归结果的稳健性，本书改变上文一些变量的度量方法，对模型重新做回归。首先，用长期借款比例、短期借款比例代替原来的长期债务比例和短期债务比例，保持其他变量不变，对模型重新做回归。结果显示：所有解释变量回归系数的符号和显著水平与原回归结果是一致的，只是数值有稍许差别，模型 3 中 *DEMHP* 变量的系数值变化较大，由-0.002 变为-0.0001。

其次，换用市盈率倒数来度量企业成长机会变量，用息税前利润来度量企业盈利能力变量，用主营业务收入总额的自然对数来度量企业规模（Datta，2005），对模型做回归。新的回归结果与原回归结果基本一致，各解释变量的回归系数符号都没有改变，只有成长机会变量回归系数变得不显著，资产期限和资产规模变量系数的显著性水平有所降低。总的看来，模型的回归结果是稳健的。

3.3　利率市场化与中国上市公司债务期限结构

3.3.1　利率市场化对企业融资影响的文献回顾

3.3.1.1　利率市场化与企业融资约束

企业融资约束（financing constraints）是指有融资需求且资信较好的企业不能从外部获得足够的资金。管制低利率会引致资金过度需求，只有通过信贷配给的方式予以解决，在一个国有银行系统中，常常是政治倾向决定信贷分配对象，而不是经济标准，由此导致企业大量寻租行为，金融机构信息甄别能力和风险管理能力不高，改善经营业绩的动力不足，同时政府还要承担沉重的管制成本（麦金农、肖，1973）。利率市场化后可以避免上述社会福利的无谓损失，拥有定价权的金融机构有条件参与企业项目风险分担，增加对风险项目的信贷（Obstfeld，1994），进而缓解企业融资约束问题，促进资金有效配置。

国内研究人员普遍认为利率市场化会缓解中小企业融资难问题。利率改革之前，金融机构贷款的收益与风险不对等，对中小企业贷款的利息收入不足以弥补风险损失，加上责任认定问题等，金融机构宁可在大型优质企业的贷款方面低价竞争，也不愿对急需资金的中小企业放贷（巴曙松，2004；郑军，2005）。

国外已积累较多这方面的实证文献，它们运用古典加速器模型、生产函数模型及欧拉方程等，来分析金融自由化后资金的配置效率及企业的融资约束问题，主要思路是判断模型中企业投资额对内部现金流的敏感性是否降低或者有效率的企业是否得到了更多的投资份额。Laeven（2003）利用13个发展中国家的1989—1998年企业数据，通过估计企业投资模型发现：总体来看，利率自由化对企业融资约束的影响不显著，但是对不同规模的企业有显著影响，小企业在利率自由化前有明显的融资约束，之后则明显改善；大企业在利率自由化前几乎没有融资约束，之后则出现融资困难。作者解释这主要是因为大企业在利率自由化前获得了大量政府支持的优惠贷款。Koo 和 Shin（2004），Harris、Schiantarelli 和 Siregar（1992），Gelos 和 Werner（2002）分别用韩国、印度尼西亚、墨西哥的数据验证了利率市场化会降低企业融资约束。

3.3.1.2　利率市场化与企业融资结构

发展中国家利率市场化往往伴随着利率的上升（麦金农，1973），这样就加大了借贷企业的融资成本，抑制了企业资金的过度需求；同时，拥有定价权的金融机构会根据企业的盈利状况、信用级别、发展前景等指标确定贷款对象及贷款利率，这也必然使企业注意资金的使用成本，促使其融资行为更趋合理（寿玉琴，2002；马胜杰，2001；许东江，2002）。

Ameer（2003）利用印度、印度尼西亚、巴基斯坦、泰国等东南亚国家的数据研究了金融自由化对企业资本结构的影响。他构建了金融自由化指数，利用动态资本结构模型进行回归，得出结论：自由化后，企业的资本结构趋向最优，自由化会导致更高的经济效率、更少的外债和更好的经济发展。M. Siregar（1992）通过研究印度尼西亚企业财务数据，发现金融自由化后小企业的杠杆比率有显著增加。Jaramillo 等（1992）对厄瓜多尔企业的研究表明：所有企业的杠杆比率都是减少的，小企业减少得尤其显著。

3.3.2 实证研究设计

3.3.2.1 数据样本选择

本书选取了2001年、2002年、2004年和2005年沪深两市A股上市公司财务数据作为研究样本，2001年、2002年反映贷款利率上限取消前企业融资状况，2004年、2005年反映取消后的状况。根据研究目的，剔除了以下几种情况的企业：①金融类企业；②数据遗漏、不全，指标值有明显测量误差的企业；③变量指标值异常的企业。最终得到包括1062家企业4248个观测数据的平衡面板数据。数据来源Wind资讯，所用计量分析软件是Eviews5.0。

3.3.2.2 模型设定

本书利用协方差分析模型来研究贷款利率上限取消后企业的融资行为方程是否发生了结构性变化，据此分析利率市场化对企业的影响。本书分别以负债比率和债务期限结构为被解释变量估计两个方程来反映企业融资行为，它们的通用形式如下：

$$y_{it} = \delta_0 D04_t + \sum_{k=1}^{K}(\delta_k D04_t \times x_{kit}) + \sum_{l=1}^{L}(\beta_l x_{lit}) + \alpha_i + \varepsilon_{it}$$

$$i = 1, 2, 3, \cdots, 1062;\ t = 1, 2, 3, 4 \qquad (3-4)$$

被解释变量y为负债比率或债务期限结构，方程右边第一部分是政策虚拟变量项，利率市场化改革“之前”$D04$取值0，“之后”取值1；第二部分是政策虚拟变量与部分控制变量的交叉项；第三部分是控制变量项；α_i是固定效应；ε_{it}为随机误差项。

可以看出，利率市场化之前，企业的融资方程为

$$y_{it} = \sum_{l=1}^{L}(\beta_l x_{lit}) + \alpha_i + \varepsilon_{it} \quad i = 1, 2, 3, \cdots, 1062;\ t = 1, 2, 3, 4 \qquad (3-5)$$

利率市场化之后，企业的融资方程为

$$y_{it} = \delta_0 + \sum_{k=1}^{K}(\delta_k x_{kit}) + \sum_{l=1}^{L}(\beta_l x_{lit}) + \alpha_i + \varepsilon_{it}$$
$$i = 1, 2, 3, \cdots, 1062; t = 1, 2, 3, 4 \quad (3-6)$$

如果δ_0，δ_1，…，δ_k有一个或多个显著不为零，则表明利率市场化后企业融资行为方程有结构性变化；否则，利率市场化对企业融资行为没有产生影响。

交叉项变量的选取主要是依据以往研究成果并结合我国企业的实际情况，筛选出对企业融资行为影响最大的几个变量。控制变量的选取充分考虑了企业层面因素和宏观层面因素，并对它们的相关性进行检验，剔除那些皮尔逊相关系数大于0.5的非关键变量。此外，为不使模型过于复杂，行业特点的影响归于固定效应和随机误差项。笔者还查阅了Wind资讯的新闻情报数据库中的税收政策、货币政策、汇率政策及资本市场状况，没有发现和贷款利率上限取消这一事件发生时间相同、对企业融资行为产生重要影响且能混淆利率市场化改革作用的重大宏观经济事件。

在负债比率回归模型中，交叉项变量个数$K=3$，控制变量个数$L=10$，解释变量x_k分别为虚拟变量与非债务税盾的交叉项、虚拟变量与内部融资能力的交叉项、虚拟变量与企业成长机会。控制变量x_l分别为通货膨胀率、GDP、利率、公司规模、资产有形性、盈利能力、成长机会、国有股比例、非债务税盾、内部融资能力。

在债务期限回归模型中，$K=2$，$L=8$；解释变量x_k分别为虚拟变量与资产期限的交叉项、虚拟变量与成长机会的交叉项。x_l分别为通货膨胀率、GDP、利率期限结构、资产期限、公司规模、盈利能力、成长机会、国有股比例。

根据理论文献回顾，大、小企业对利率市场化改革的反应不同，小企业很有可能被惠及更多，因此本书拟对不同规模的企业进行分别考察。根据《中小企业标准暂行规定》：年营业额在3亿元以下的企业为中小企业。笔者计算了1062家上市公司四年主营业务收入平均值，结果显示有214个公司的主营业务收入在3亿元以下，笔者选取了其中200家公司作为中小企业样本，另选取主营业务收入较大的200家公司作为大企业样本，分别对它们进行上述债务比率和债务期限两个方程的回归。本书最后共有6个回归方程。为解决模型可能存在的异方差和序列相关问题，本书使用可行广义最小二乘估计（FGLS）法对模型进行估计。

3.3.2.3　变量定义及研究假设

（1）被解释变量

债务期限结构（*LTD*）：该变量用长期借款与总债务的比例来度量（Barclay and Smith，1995）。表3-4显示，企业债务期限结构2001—2002年下降，2004—2005年上升。

表3-4　贷款利率上限取消前后样本公司负债比率与债务期限结构变化对比

年份	2001	2002	2003	2004	2005
负债比率	0.4393	0.4524	0.4611	0.5085	0.5226
债务期限结构	0.1175	0.1098	0.1037	0.1113	0.1187

注：数值均为样本当年均值。

负债比率（*LEV*）：该变量用资产负债率来度量，总资产与总债务用账面值（郭鹏飞、孙培源，2003；肖作平，2004）。表3-4显示，上市企业负债比率呈逐年递增的趋势，2004年有明显跳跃。

（2）解释变量与研究假设

①利率市场化政策虚拟变量（*D04*）：2004年1月和10月央行分别出台了进一步放宽贷款利率浮动区间和取消利率上限的政策，这两项政策对企业融资产生了重要影响，图3-3至图3-4显示了从2003年12月到2005年1月每月金融机构短期贷款余额变化，总的趋势是上升的，在2004年1月和10月政策出台后紧接着几个月，贷款余额都有显著增加，表明企业融资行为对政策变化反应非常敏感；图3-5显示，长期贷款余额稳步增长，短期贷款余额在政策出台后的数月内会有显著增加。本书对2004年以前虚拟变量赋值为0，2004年及2005年赋值为1。

根据第二部分的理论文献回顾，利率市场化后企业融资约束降低，债务水平会有所提高，中小企业融资难问题会有显著改观且债务期限会有所延长，而大企业由于失去了政策优惠贷款，债务水平与债务期限都会有所降低(Laeven，2003)。笔者提出以下研究假设：

假设1：利率市场化后，从整体情况看，企业债务水平和债务期限会有所提高，而小企业增加得尤为显著，预期该变量的符号在总体样本及小企业回归模型中为正。

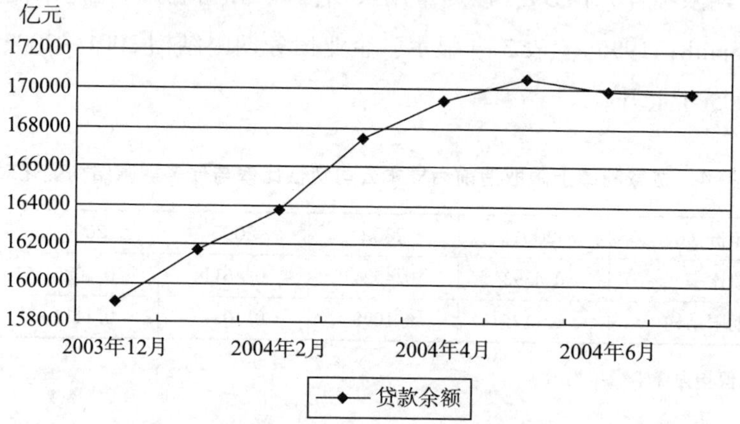

图3-3　2004年1月利率政策变化前后金融机构每月贷款余额变动

(2003年12月至2004年7月)

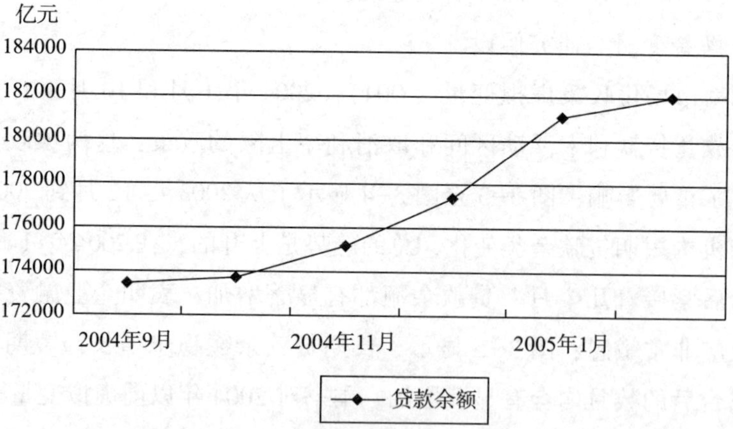

图3-4　2004年10月利率政策变化前后金融机构每月贷款余额变动

(2004年9月至2005年2月)

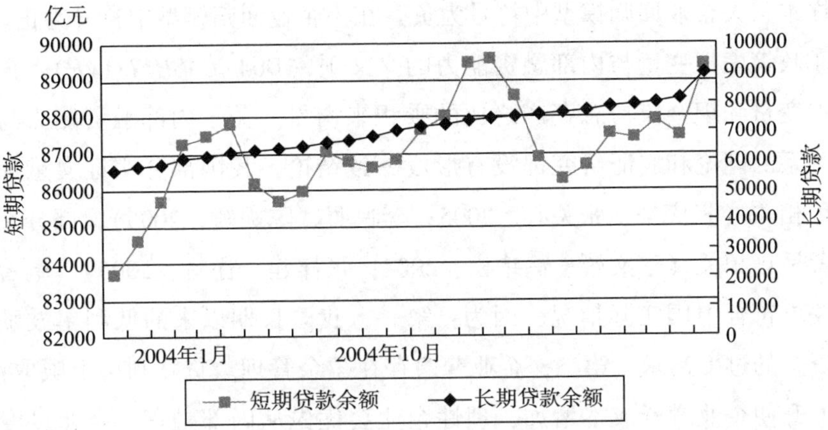

图3-5　2004年1月和10月利率政策变化前后金融机构每月中长期贷款与短期贷款余额变动（2003年12月至2006年1月）

②政策虚拟变量与资产期限的交叉项（*D04×ASSM*）：该变量用虚拟变量与资产期限乘积来度量。企业资产期限与债务期限相匹配原则被认为是传统智慧，它可以规避利率波动风险、降低债务人与债权人之间的代理成本（Myers，1977；Hart and Moore，1995）。贷款利率上限取消后，去除融资约束的企业更有条件贯彻这一原则。笔者提出以下假设：

假设2：利率市场化后，债务期限对资产期限的敏感度加强，小企业的变化尤为显著。该变量在回归模型中系数符号预期为正。

③政策虚拟变量与非债务税盾的交叉项（*D04×NONDTSD*）：该变量用虚拟变量与非债务税盾乘积来度量。据融资啄序理论，非债务税盾与债务水平预期呈负相关（Deangelo and Masulis，1980）。贷款利率上限取消后，被压制的利率会有上升趋势（麦金农，1973），增加了企业的融资成本，因此企业更加倾向于从内部融资，负债水平与非债务税盾的负向关系会加强。但是必须注意到，小企业融资约束降低的效应可能会远远大于融资成本升高的效应（巴曙松，2004），所以对于小企业，负债水平与非债务税盾的负向关系可能会减弱。笔者提出以下假设：

假设3：利率市场化后，企业负债比率与非债务税盾的负向关系会加强，这一推断对大企业较适合，而小企业的这一负向关系会减弱。预期该变量在总体样本与大企业回归模型中符号为负，在小企业回归模型中符号为正。

④政策虚拟变量与内部融资能力的交叉项（*D04×CASHFLOWE*）：该变量用虚拟变量和现金流与总资产之比的乘积来衡量。关于内部融资能力与债务水平关系的理论和实证研究都没有形成一致结论。我国部分实证文献证明二者呈负相关（张庆华、张关心，2005；李映照、陈妮娜，2005），部分文献证明二者呈正相关（李文耀、徐绪松，2004；张祥建、徐晋，2005）。笔者认为正相关更符合中国实际情况，因为：第一，我国长期以来的低利率鼓励了企业对资金的过度需求；第二，企业普遍存在盈余管理。贷款利率上限取消后，利率上升使企业融资成本增加，理性企业会优先从内部融资，企业过度资金需求得到一定的遏制。笔者提出以下假设：

假设4：利率市场化后，企业过度资金需求得到遏制，融资行为更趋理性，预期该变量在回归模型中的符号为负。

⑤政策虚拟变量与成长能力的交叉项（*D04×DEV*）：该变量用虚拟变量与无形资产比例的乘积来衡量。代理成本理论认为成长能力与债务水平呈负相关，而我国多数实证文献表明二者是正相关的（吕长江、韩慧博，2001；陈维云、张宗益，2002；胡跃红、郑震，2005），即成长性的企业需要资本投入较多，因此会大量举债。利率市场化后，金融机构盈利动机和经营效率的提高会使这种正向关系进一步加强，同时使债务期限与成长能力的负向关系减弱。笔者提出以下假设：

假设5：利率市场化后，成长能力与负债比率的正向关系进一步加强，与债务期限的负向关系减弱，即高成长型企业的债务水平与债务期限都会有所提高，预期该变量在负债比率和债务期限回归模型中的系数符号皆为正。

前文已有控制变量的理论推理，在此不再详述，其度量方法及其在总体样本回归模型中的系数符号预测见表3-5。

表 3-5　变量定义

	变量	符号	定义	预期符号 1. *LEV*; 2. *LTD*
被解释变量	1. 负债比例	*LEV*	总负债/总资产	
	2. 债务期限结构	*LTD*	长期借款/总债务	
解释变量	利率市场化政策	D04	2004 年之前取 0，之后取 1	1. +; 2. +/-
	资产期限交叉项	D04×*ASSM*	政策虚拟变量×资产期限	2. +
	非债务税盾交叉项	D04×*NONDTSD*	政策虚拟变量×非债务税盾	1. +
	内部融资能力交叉项	D04×*CASHFLOWE*	政策虚拟变量×现金流	1. -
	成长机会交叉项	D04×*DEV*	政策虚拟变量×成长机会	1. +; 2. +
控制变量	利率期限结构	*TERM-STRUCTURE*	5 年期与 1 年期贷款基准利率的差	2. -
	通货膨胀	*INFLATION*	同比消费价格指数	1. -; 2. -
	GDP	*GDP*	国内生产总值增长率	1. +; 2. +
	资产期限	*ASSM*	固定资产/总资产	2. +
	公司规模	*SIZE*	LN（总资产）	1. +/-; 2. +/-
	盈利能力	*ROA*	净利润/总资产	1. +/-; 2. -
	成长能力	*DEV*	无形资产/总资产	1. +; 2. -
	国有股比例	*STATE*	国有股数/企业总股数	1. +/-; 2. +
	利率	*INTEREST-RATE*	1 年期贷款基准利率	1. -
	非债务税盾	*NONDTSD*	折旧/总资产	1. -
	内部融资能力	*CASHFLOWE*	经营活动现金流/总资产	1. +

注：仅列出总体样本回归模型各变量的预期符号。

3.3.3　协方差分析模型（ANCOVA）估计结果

3.3.3.1　回归模型有效性检验

表 3-6 给出了 6 个回归方程的估计结果，这些方程的拟合优度都较高，调整后 R^2 最低的为 0.6519，其他都在 0.9 左右，F 值最小为 8.0928，最大为 761.9606，方程具有较高显著性；方程的回归标准误都较小，最大为 0.1115，

最小为 0.0618；D-W 值介于 1.8332~1.9837，方程几乎没有序列相关问题；用 Wald Test 对虚拟变量和交叉项系数的联合显著性进行检验，F 检验统计量值都在 1%水平上显著，拒绝了系数皆为 0 的原假设，虚拟变量和交叉项系数至少有一个不为 0，表明利率市场化改革后企业融资行为方程有了结构性变化。

表 3-6　利率市场化与公司债务期限结构回归模型的估计结果

解释变量	总体回归模型		小企业回归模型		大企业回归模型	
	①被解释变量 *LEV*	②被解释变量 *LTD*	③被解释变量 *LEV*	④被解释变量 *LTD*	⑤被解释变量 *LEV*	⑥被解释变量 *LTD*
D04	0.0555***	-0.0099***	0.0849***	-0.0035	-0.0339***	-0.0402***
	(13.5293)	(-3.8599)	(6.0340)	(-0.5214)	(-4.1180)	(-4.6654)
TERM-STRUCTURE		-0.0839***		-0.0068		-0.1679***
		(-8.2391)		(-0.3323)		(-5.1949)
INFLATION	-0.0076***	1.10E-05	-0.0137**	0.0017	0.0110***	0.0012
	(-4.9599)	(0.0123)	(-2.5512)	(0.8394)	(3.3015)	(0.3798)
GDP	0.0064*	2.01E-05	0.0009	0.0002	0.0257*	0.0003
	(1.4025)	(0.0117)	(0.7105)	(0.4109)	(1.3764)	(0.5742)
ASSM		0.0002		-0.0017***		-0.0009**
		(0.9534)		(-3.8532)		(-2.0010)
SIZE	0.1154***	0.0293***	-0.0161*	0.0041	0.1715***	0.0565***
	(34.4015)	(19.5830)	(-1.6845)	(1.4393)	(26.6378)	(9.3752)
ROA	-0.0038***	0.0003***	-0.0025***	0.0003	-0.0061***	-0.0013***
	(-20.7463)	(3.3054)	(-7.5175)	(1.4985)	(-12.2711)	(-2.6893)
DEV	0.1230***	-0.0609***	0.1166**	-0.1076***	-0.1089	-0.0401
	(4.7503)	(-3.2016)	(1.9934)	(-3.1415)	(-1.3803)	(-0.4010)
STATE	0.0006****	1.10E-05	0.0001	0.0001	0.0010***	-8.27E-05
	(6.8552)	(0.2655)	(0.6287)	(1.4257)	(5.7205)	(-0.2720)
INTEREST-RATE	0.0106***		0.0238***		-0.0069	
	(4.3747)		(2.8922)		(-1.3793)	
NONDTSD	-0.2224***		-0.4307***		-0.7803***	
	(-2.9960)		(-4.4688)		(-4.3818)	

续表

解释变量	总体回归模型		小企业回归模型		大企业回归模型	
	①被解释变量 *LEV*	②被解释变量 *LTD*	③被解释变量 *LEV*	④被解释变量 *LTD*	⑤被解释变量 *LEV*	⑥被解释变量 *LTD*
CASHFLOW	0.2127***		0.2296***		0.1451***	
	(14.4500)		(4.6909)		(5.1419)	
D04×ASSM	0.0004**		0.0030***		0.0007*	
	(2.2940)		(5.9042)		(1.6796)	
D04×NONDTSD	0.0520		1.1133***		−0.2466*	
	(0.5699)		(3.2076)		(−1.6543)	
D04×CASHFLOW	−0.2807***		−0.3060***		−0.2574***	
	(−15.3092)		(−5.1848)		(−7.5038)	
D04×DEV	0.0814***	0.0281**	0.2673***	0.1520***	0.0660***	−0.0196
	(4.3530)	(2.0726)	(4.7561)	(3.9722)	(3.0784)	(−0.4539)
R^2	0.9947	0.8784	0.9822	0.7439	0.9964	0.8728
调整 R^2	0.9929	0.8373	0.9758	0.6519	0.9951	0.8272
回归标准误	0.0909	0.0924	0.1115	0.0893	0.0618	0.0977
F 统计量	550.1049	21.3777	152.1706	8.0928	761.9606	19.1298
D-W 值	1.8332	1.9742	1.9041	1.9229	1.8813	1.9837
Wald 检验	87.0101***	4.6169***	17.0173***	17.1509***	22.5241***	14.1975***
(*F* 统计量)	(5, 4233)	(4, 4235)	(5, 785)	(4, 787)	(5, 785)	(4, 787)
观察个数	4248	4248	800	800	800	800

注：①固定效应未报告；②变量系数下方括号里是 *t* 统计量；③Wald 检验值下方括号里是 *F* 统计量的分子和分母自由度；④***、**、*表示系数分别在1%、5%和10%水平上显著；⑤所用估计方法是 FGLS。

3.3.3.2　回归结果分析

第一，利率市场化后企业债务水平有所提高，企业融资约束得到了缓解。

由表3-6可知，利率市场化政策虚拟变量（*D04*）在方程①和方程③中的系数分别为0.0555和0.0849且在1%水平上显著，在方程⑤中，系数为负，表明利率市场化改革后企业的负债水平有所提高，小企业提高得尤其显著，而大企业的负债水平却有所降低，反映了利率市场化降低了企业尤其是小企业的融资约束，而大企业的融资约束却提高了。

在方程⑥中，该变量系数显著为负，表明利率市场化后大企业由于失去政策上的融资优惠，债务期限缩短；在方程④中，系数不显著；在方程②中，系数显著为负，即利率市场化后企业债务期限缩短，这与假设 1 不相符，从理论上讲，利率市场化后金融机构拥有了资金定价权，它们可以通过提高利率来弥补放贷长期资金所可能带来的损失，因此在盈利动机的刺激下，它们会延长放贷资金的时间期限，但是实证结果却表现出相反的情况，这可能因为在利率市场化初期，金融机构的风险控制技术和各项业务管理还处于适应阶段，它们在贷款方面仍然表现得非常谨慎，在增加贷款的同时缩短贷款期限以保证资金安全。另外，也说明单纯的利率市场化并不能缓解金融机构与企业的代理冲突，无法起到优化公司债务结构的作用，还需要配以其他偿债保障机制，如完善《破产法》，切实保障债权人利益。

第二，利率市场化后，期限匹配原则得到更好贯彻，企业资金过度需求得到一定程度遏制。

政策虚拟变量与资产期限交叉项（*D04×ASSM*）在方程①③⑤中，系数都显著为正，其中小企业系数值最大，表明利率市场化后，由于企业融资约束降低，资产期限与债务期限相匹配的原则得到了更好的贯彻，反映了企业融资行为的合理性，并且小企业受益更多，假设 2 得到了验证。

表 3-6 显示，利率改革之前，企业内部融资能力与债务水平呈正相关，这与啄序理论不相符，结合我国如破产机制不完善、利率水平低等情况，这实际上反映了企业对资金的过度需求。利率市场化后，情况有所改变：政策虚拟变量与内部融资能力交叉项（*D04×CASHFLOWE*）系数在方程①③⑤中都显著为负，即债务水平与现金流的正向关系减弱，与假设 4 相符。这说明随着利率的上升，融资成本的增加，企业对资金的过度需求得到了一定程度的遏制，企业的融资行为更趋理性。

政策虚拟变量与非债务税盾的交叉项（*D04×NONDTSD*）在方程①中，系数不显著；在方程③中，系数显著为正，表明小企业的负债水平与非债务税盾的负向关系减弱、敏感度降低，这是小企业融资约束减少的再次体现，说明其对内部融资来源依赖性降低。在方程⑤中，系数显著为负，表明伴随利率升高，企业的融资成本增加，大企业负债水平对非债务税盾的敏感性进一步加强，企业优先从内部融资，反映了企业融资的理性，假设3得到了验证。

第三，利率市场化促进了我国金融机构提高经营效率。

表3-6显示，利率改革前，成长能力变量与债务水平呈正相关，与债务期限呈负相关，政策虚拟变量与成长能力交叉项（*D04×DEV*）系数在方程①②③④⑤中都显著为正，表明贷款利率上限取消后，企业成长能力与债务水平的正向关系加强，与债务期限负向关系减弱，即高成长型企业债务水平较高且期限较长，与假设5相符。这反映了利率市场化后，金融机构对贷款对象及贷款期限的决策不再单纯依靠固定资产、企业规模、国有股比例等指标，也会考察企业的成长能力，成长型企业越来越能得到更多更长期限的贷款，正如巴曙松（2004）所说中小企业贷款将成为金融机构新的业务增长点，这同时也反映了金融机构的盈利动机和信贷管理能力的提高。

第四，其他宏观变量的回归分析。

表3-6显示，利率期限结构变量（*TERM-STRUCTURE*）与债务期限呈负相关，即长期债务融资成本高时，企业会缩短债务期限，这表明融资成本是企业债务期限决策比较关注的问题。

通货膨胀（*INFLATION*）与债务期限不相关，与负债水平呈负相关，即通货膨胀率越高，企业负债水平越低，小企业在此表现得尤其明显。这与Booth等（2001）的实证结果一致，高通货膨胀使债务人与债权人都面临较高的风险，企业的财务不确定性增加，因此企业会降低杠杆比例以规避风险。而大企业的情况与此相反，大企业的抗风险能力强，它更愿意享受高通货膨胀带来的债务贬值的好处。

国内生产总值（*GDP*）与债务水平呈正相关，与债务期限的关系不显著，这表明我国财务杠杆有明显的顺经济周期性，这与Hackbarth、Miao和Morellec（2004）的实证研究结果相反。这个结果可能由两个原因造成：一是企业的风险规避意识比较强；二是金融机构在资金市场的卖方垄断地位使其在经济萧条期减少对企业贷款。但考虑到我国的破产机制缺乏，企业的风险意识不足，第二条原因应该是对此回归结果的合理解释。

利率（*INTEREST-RATE*）与债务水平呈正相关，即利率越高，债务水平越高，这似乎有悖于我们的常识，但事实上这再次反映了金融机构在资金市场的卖方垄断地位：利率提高，金融机构的盈利动机增强，它会增加放贷余额，而企业对资金获得性的关注超过对期限的关注，反映了企业融资渠道不够丰富。

公司特点控制变量的回归结果见表 3-6，前文对其已有详述，在此不再赘述。

通过以上分析，可以得出以下结论：利率市场化对企业融资结构有显著影响，企业尤其是中小企业的债务水平有显著提高，同时金融机构在利率市场化初期出于审慎的原则在增加放贷资金的同时压缩了放贷期限；利率市场化后，债务期限与资产期限相匹配的原则得到了更好的贯彻，企业对资金的过度需求得到了一定程度的遏制，表明了企业的融资行为更趋理性；金融机构对贷款对象及贷款期限的决策不再单纯依靠固定资产、企业规模、国有股比例等指标，也会考察企业的成长性，反映了其在监督和鉴别贷款申请者方面更有效率；利率期限结构变量与债务期限呈负相关，即长期债务融资成本高时，企业会缩短债务期限，这表明融资成本是企业债务期限决策比较关注的问题；国内生产总值、通货膨胀、利率对企业的负债水平有显著影响，但是对债务期限的影响不显著，反映了企业对资金获得性的关注超过对期限的关注，表明融资渠道不够丰富。

3.3.3.3 稳健性检验

为了检验回归结果的稳健性，本书改变一些变量的度量方法对 6 个方程重新做回归。首先，用长期借款比例代替原来的长期债务比例，用银行借款比例代替原来的资产负债比例，保持其他变量不变，对 6 个方程做回归。得出回归结果：在中小企业样本回归方程④中，*D04×TANGIBLE* 的回归系数由原来的 1%水平显著变为 5%水平显著；在大企业样本回归方程⑤中，*D04×NONDTSD* 的系数变为不显著，在方程⑥中，资产期限变量的系数显著性降低，成长机会变量的系数由不显著变为显著；其他方程中的变量系数符号和显著性水平都没有改变。

其次，换用市盈率倒数来度量企业成长机会变量，用息税前利润来度量企业盈利能力变量，用主营业务收入总额来度量企业规模（Datta，2005），对6个方程再次做回归。除方程⑤中 *DEV* 的系数符号变为正（但是不显著），其他变量系数的符号都没有改变。不过，*DEV* 系数显著性水平在各方程中都有所降低。总的看来，回归模型的变量间关系是稳健的。

3.4　公司债务期限结构的国际对比分析

表3-7和表3-8给出了39个国家（地区）债务结构和政治经济法律状况。从中可以看出，各国（地区）的债务结构确实有显著差异，结合它们的政治经济法律等状况，可以探究出以下规律性内容。

表3-7　债务期限结构、负债比例的国际对比

国家（地区）	长期债务比例中位值	长期债务比例平均值	负债比例的中位值	负债比例的平均值
澳大利亚	0.79	0.67	0.18	0.22
奥地利	0.41	0.43	0.40	0.40
比利时	0.55	0.52	0.30	0.33
巴西	0.55	0.52	0.45	0.46
加拿大	0.82	0.72	0.29	0.32
瑞士	0.68	0.63	0.30	0.33
智利	0.59	0.57	0.24	0.29
中国	0.22	0.28	0.40	0.40
德国	0.51	0.47	0.21	0.26
丹麦	0.63	0.59	0.31	0.33
西班牙	0.42	0.43	0.25	0.30
芬兰	0.77	0.70	0.32	0.34
法国	0.55	0.54	0.30	0.33

续表

国家（地区）	长期债务比例中位值	长期债务比例平均值	负债比例的中位值	负债比例的平均值
英国	0.54	0.50	0.16	0.20
希腊	0.09	0.25	0.12	0.17
中国香港	0.40	0.41	0.29	0.34
印度尼西亚	0.29	0.37	0.46	0.46
印度	0.63	0.59	0.46	0.44
爱尔兰	0.71	0.62	0.27	0.29
以色列	0.49	0.48	0.15	0.25
意大利	0.37	0.39	0.36	0.41
日本	0.45	0.45	0.34	0.37
韩国	0.41	0.42	0.73	0.68
墨西哥	0.65	0.59	0.27	0.34
马来西亚	0.28	0.35	0.23	0.30
荷兰	0.62	0.57	0.21	0.24
挪威	0.78	0.74	0.21	0.25
新西兰	0.81	0.66	0.25	0.29
巴基斯坦	0.37	0.38	0.37	0.41
秘鲁	0.32	0.37	0.26	0.30
菲律宾	0.53	0.49	0.40	0.45
葡萄牙	0.55	0.52	0.34	0.37
新加坡	0.22	0.32	0.23	0.27
瑞典	0.81	0.72	0.21	0.27
泰国	0.26	0.33	0.47	0.48
土耳其	0.29	0.36	0.14	0.20
中国台湾	0.33	0.36	0.26	0.31
美国	0.82	0.69	0.20	0.27
南非	0.60	0.56	0.12	0.18

注：样本是1991—2000年世界各国（地区）的上市公司。

资料来源：Fan、Titman（2003）。

表3-8 世界各国（地区）政治经济法律状况对比

国家（地区）	经济发达程度	通货膨胀率	存款占GDP比率	腐败指数	是否为判例法系	是否为红利税收减免制	是否为红利税收抵免制	股票市值与GDP比率	股票市场换手率	政府债券总额与GDP比率	寿险保险金与GDP比率	四大会计师事务所的市场份额	各公司平均分析师数量	机构投资者金融资产占GDP比率
澳大利亚	1	0.02	0.61	1.45	1	0	1	0.69	0.43	0.29	0.04	0.89	13.61	0.72
奥地利	1	0.02	0.89	2.43	0	1	0	0.14	0.48	0.31	0.02	0.56	8.63	0.34
比利时	1	0.01	0.07	3.30	0	1	0	0.41	0.18	1.03	0.02	0.64	12.44	0.57
巴西	0	0.41	0.32	6.45	0	0	0	0.25	0.55	0.16	0.00	0.61	14.64	—
加拿大	1	0.02	0.78	1.02	1	0	1	0.72	0.49	0.75	0.03	0.97	16.45	0.80
瑞士	1	0.01	1.44	1.15	0	0	0	1.38	0.72	0.16	0.06	0.81	19.04	1.34
智利	0	0.08	0.43	3.20	0	0	0	0.96	0.09	0.00	0.02	0.98	5.94	—
中国	0	0.03	1.23	6.90	0	0	0	0.23	1.58	0.08	0.00	0.96	9.66	—
德国	1	0.02	0.73	1.87	0	0	1	0.26	0.87	0.34	0.02	0.81	30.78	0.44
丹麦	1	0.02	0.59	0.59	0	1	0	0.38	0.52	0.63	0.03	0.91	12.57	0.64
西班牙	1	0.04	0.93	4.52	0	0	1	0.37	0.98	0.46	0.02	1.00	23.79	0.37
芬兰	1	0.01	0.56	0.69	0	0	1	0.44	0.36	0.31	0.05	0.82	14.65	—
法国	1	0.02	0.69	3.15	0	0	1	0.37	0.54	0.40	0.04	0.87	21.77	—
英国	1	0.03	1.03	1.65	1	0	1	1.36	0.42	0.33	0.07	0.98	20.28	1.64
希腊	1	0.09	0.08	5.05	0	1	0	0.17	0.46	0.69	0.01	0.47	5.60	0.21
中国香港	1	0.07	1.75	2.79	1	0	0	2.30	0.52	0.03	0.02	0.93	27.13	—

续表

国家（地区）	经济发达程度	通货膨胀率	存款占 GDP 比率	腐败指数	是否为判例法系	是否为红利税收减免制	是否为红利税收抵免制	股票市值与 GDP 比率	股票市场换手率	政府债券总额与 GDP 比率	寿险保险金与 GDP 比率	四大会计师事务所的市场份额	各公司平均分析师数量	机构投资者金融资产占 GDP 比率
印度尼西亚	1	0.09	0.50	8.20	0	0	0	0.22	0.46	0.00	0.00	0.94	11.48	—
印度	0	0.09	0.47	7.20	1	0	0	0.32	1.03	0.19	0.01	0.06	9.73	—
爱尔兰	0	0.02	0.58	2.05	1	0	1	0.68	0.45	0.38	0.05	1.00	5.91	—
以色列	1	0.09	0.84	2.64	1	0	0	0.44	0.33	0.00	0.02	0.76	3.63	—
意大利	1	0.04	0.71	5.55	0	0	1	0.20	0.55	0.98	0.01	1.00	20.83	0.21
日本	1	0.01	1.87	3.14	0	0	0	0.67	0.41	0.68	0.09	0.89	12.15	0.68
韩国	1	0.05	0.76	5.90	0	0	0	0.37	2.09	0.08	0.09	0.94	10.41	0.57
墨西哥	0	0.16	0.29	6.76	0	0	1	0.32	0.36	0.09	0.00	0.84	14.10	0.05
马来西亚	0	0.04	1.15	4.90	1	0	0	1.71	0.54	0.36	0.02	0.66	23.55	—
荷兰	1	0.02	0.74	1.00	0	0	0	0.89	0.62	0.49	0.05	1.00	29.51	1.55
挪威	1	0.02	0.57	1.21	0	0	1	0.31	0.62	0.25	0.02	0.97	11.93	0.42
新西兰	1	0.02	0.85	0.60	1	0	1	0.49	0.31	0.32	0.02	1.00	7.16	—
巴基斯坦	0	0.10	0.46	7.87	1	0	0	0.16	1.22	0.00	0.00	0.67	3.14	—
秘鲁	0	0.10	0.27	5.63	0	0	0	0.21	0.26	0.00	0.00	0.98	4.95	—
菲律宾	0	0.08	0.59	7.22	0	0	0	0.66	0.28	0.00	0.01	0.96	11.10	—
葡萄牙	1	0.04	0.68	3.65	0	1	0	0.13	0.47	0.43	0.01	0.67	6.91	0.26
新加坡	1	0.02	1.17	0.87	1	0	0	1.65	0.48	0.49	0.02	0.99	22.05	—
瑞典	1	0.02	0.52	0.95	0	1	0	0.84	0.59	0.53	0.03	0.89	19.20	0.68

续表

国家（地区）	经济发达程度	通货膨胀率	存款占 GDP 比率	腐败指数	是否为判例法系	是否为红利税收减免制	是否为红利税收抵免制	股票市值与 GDP 比率	股票市场换手率	政府债券总额与 GDP 比率	寿险保险金与 GDP 比率	四大会计师事务所的市场份额	各公司平均分析师数量	机构投资者金融资产占 GDP 比率
泰国	0	0. 05	0. 84	6. 95	1	1	0	0. 50	0. 73	0. 01	0. 01	0. 58	13. 34	—
土耳其	0	0. 80	0. 36	6. 40	0	1	0	0. 17	1. 37	0. 11	0. 00	0. 88	7. 85	—
中国台湾	0	0. 03	0. 23	4. 96	0	0	1	0. 92	2. 80	0. 00	0. 03	0. 67	5. 85	—
美国	1	0. 03	0. 61	2. 27	1	0	0	1. 01	0. 90	0. 92	0. 04	1. 00	23. 87	1. 24
南非	0	0. 09	0. 43	5. 15	1	0	0	1. 60	0. 16	0. 00	0. 10	0. 88	5. 69	—

注：样本是 1991—2000 年世界各国（地区）的上市公司；腐败指数越高，腐败程度越大。

资料来源：Fan、Titman（2003）。

3.4.1 金融体系对公司债务期限结构的影响

一个发达的金融体系会使金融中介或投资者具有良好的信息鉴别能力，好的公司会有更多机会以合理的价格获取外部融资，尤其是长期债务融资。首先，股票市场是上市公司的信息“指示器”。股价能反映信息灵通的投资者所掌握的信息，从而减轻了上市公司的信息不对称程度，所以活跃的股票市场能够增加公司获得长期信贷的能力。其次，银行作为贷款人对借款人有较强的监督作用。因为银行的信贷规模较大，有很强的动机利用集中的信息规范借款人，不像小投资者那样存在“搭便车”问题，所以可以预见一个发达的银行部门将大大地便利外部融资。一些实证文献证明了股票市场的活跃性对大公司的影响较大，对小公司的融资选择影响不大；相反，银行部门的大小对小公司的影响较大，银行部门较大的国家，小公司拥有较少的短期债务，而且债务期限较长。出现这种大公司与小公司的差异主要是因为上市公司的规模通常较大，而小公司对银行的依赖性更大。表 3-7 和表 3-8 显示股市总额与 GDP 比例、存款占 GDP 比例这两个指标都较高的国家（地区），如澳大利亚、加拿大、瑞士、英国和美国，它们的长期债务比例较高。因此，积极发展证券市场、规范完善银行体系是优化公司债务期限结构的重要条件之一，由于两者的服务对象有所不同，所以两者都不可偏废。

3.4.2 法律体系对公司债务期限结构的影响

法律体系类型和内容的公正性大大影响了债务人和债权人之间的代理成本。当公司外部投资者的利益得不到法律有效保护时，更多短期限债务会被使用以起到治理作用，因为短期融资存续时间较短，借款人缺乏足够的时间去欺骗贷款人，因而减小了违约概率；而且贷款人可以经常审查公司的决策，必要时还可以在损失产生前修改融资条件。因此可以预期法律体系的效率与债务期限呈正相关。

腐败指数测度了法律体系的公正性，表 3-7 和表 3-8 显示了腐败指数越高的国家（地区），长期债务比例就越低，如巴基斯坦、菲律宾、希腊和中国。有的学者还认为判例法系（common law）的国家（地区）比大陆法系（civil law）的国家（地区）能更好地保护公司外部投资者，判例法系国家（地区）的公司会有更多的长期债务，表 3-7 和表 3-8 显示了澳大利亚、加拿大、英国、美国、印度等这些判例法系国家（地区）的公司有较高的长期债务比例。完善法律内容，提高法律的公正性，尤其是要提高债权人权益的受保护程度，这些是促进我国公司债务期限结构优化的重要条件。

3.4.3　税收制度对公司债务期限结构的影响

税收制度中关于公司股利及利息的征税规定会对公司的避税收益产生重要影响。有的国家（如中国、巴西、日本、美国等）税制中规定红利要分别征公司和个人所得税，利息可以抵税，且只征个人所得税；而有的国家只征红利的个人所得税，或者是征过公司所得税后，以折扣过的税率再征个人所得税。节税收益会影响公司的债务期限搭配。

3.4.4　机构投资者状况对公司债务期限结构的影响

拥有长期资金的保险公司、养老基金倾向于购买长期债券，可以预测，在这两个部门发达的国家，公司会有较多的长期债务。表 3-7 和表 3-8 显示了澳大利亚、芬兰、瑞士、英国、美国和南非等这些寿险资金占 GDP 较高比例的国家，其公司债务期限都较长。此外，美国、荷兰、瑞士、英国、澳大利亚等国家的机构投资者占 GDP 的比重比较高，其公司债务期限亦较长。因此，积极发展机构投资者也是我国优化公司债务期限结构的有效措施之一。

3.4.5 信息服务组织对债务期限结构的影响

债务人与债权人的交易成本多数是由信息不对称引起的，发达的信息中介组织可以有效地披露公司信息。审计公司和股票分析家在公司信息收集与传播方面起着关键作用。经审计合格的公司，其公开信息的可信度会大大提高；股票分析师会挖掘和传递公司内部信息。在拥有发达的信息中介的国家，过多的债务，尤其是短期债务的使用，就成为不必要了，公司会有更低的负债率和更多长期债务。表 3-7 和表 3-8 显示，德国、英国、西班牙、荷兰、法国和美国这些长期债务比例较高的公司，它们平均每个公司拥有的分析师人数都在 20 人。因此，可以预测大力发展信息中介组织可以改善我国公司短期债务融资偏好的状况。

此外，一国（地区）的经济发达程度和通货膨胀率对公司债务期限选择产生一定的影响，表 3-7 和表 3-8 显示经济发达程度较高、通货膨胀率较低的国家（地区），其公司的长期债务比例较高。因此，控制通货膨胀率对优化公司债务期限结构是非常有利的。

3.5 本章小结

企业微观层面的融资决策行为必然会受到行业和宏观环境的影响，单单从微观角度不足以解释我国企业债务期限结构的成因，因此本章从行业和宏观制度层面研究了我国上市公司债务期限结构的影响因素，得出的结论如下：

一是行业条件影响公司的债务期限结构。我国公司短期债务比例与市场集中度、产品差异度呈负相关，而与行业需求、成本的变动呈正相关，反映了在目前融资环境下，公司运用不同期限债务参与市场竞争的条件和意识还不强，较多短期债务被使用以满足资金流动性需求。

二是利率市场化对企业债务融资结构有显著影响。具体来说：①利率市场化后，企业尤其是中小企业的债务水平有明显的提高，但债务期限却缩短了，表明企业主要债权人——金融机构在利率市场化初期出于审慎的原则在增加放贷资金的同时压缩了放贷期限；②利率市场化后，债务期限与资产期限相匹配的原则得到了更好的贯彻，企业对资金的过度需求得到了一定程度的遏制，表明企业的融资行为更趋理性；③金融机构对贷款对象及贷款期限的决策不再单纯依靠固定资产、企业规模、国有股比例等指标，也会考察企业的成长性，反映了其在监督和鉴别贷款申请者方面更有效率，将会为企业未来融资创造更为规范的环境。

此外，利率期限结构对公司债务期限结构有影响，而国内生产总值、通货膨胀等宏观变量的影响不显著。具体来说：①利率期限结构变量与债务期限呈负相关，即长期债务融资成本高时，企业会缩短债务期限，这表明融资成本是企业债务期限决策比较关注的问题；②国内生产总值、通货膨胀、利率对企业的负债水平有显著影响，但是对债务期限的影响不显著，企业对资金获得性的关注超过对期限的关注，表明融资渠道不够丰富。

三是金融体系、法律体系、税收制度、机构投资者状况、信息服务组织对企业债务期限结构都有显著影响。具体来说：①发达的金融体系会使金融中介或投资者有较完备的信息和良好的鉴别能力，优秀的企业会有更多机会以合理的价格获取外部融资，尤其是长期债务融资；②完善的法律体系可以使债权人的权益得到有效的保障，从而会向企业提供更长期借款；③税收抵免制度会影响企业的节税收益，从而影响其债务期限搭配；④机构投资者是企业长期债务的重要融资来源之一，它对企业债务期限结构优化也有着重要作用；⑤发达的信息服务组织可以充分地披露企业信息，降低了企业与债务人之间的信息不对称及代理成本，它使缩短债务期限作为事前偿债保障手段成为不必要，因此，它可以促进企业债务期限结构优化。

综合第2章、第3章的研究结果，可以得出结论：公司自身特点、行业条件及宏观制度环境对我国上市公司债务期限结构都有影响，我国公司短期债务主导型债务期限结构正是公司和债权人博弈的结果，是对目前我国利率未市场化、债券市场不发达、破产机制不完善等宏观环境的反映。

第4章　公司债务期限结构与违约风险

4.1　引言

我国公司短期债务比例偏高是企业和债权人博弈的结果，是对目前我国利率市场化程度不高、债券市场不发达、破产机制不完善等宏观环境的反映。随着市场机制改革的推进和对外开放程度的加大，公司这种债务结构会给公司价值乃至金融系统造成什么影响？这是一个非常值得研究的问题。根据前文文献研究，债务期限结构可以从违约风险（信用级别）、投资效率、避税收益等方面影响公司价值，其中违约风险和投资效率是最为重要的方面，因此本书着重研究公司债务期限结构与违约风险、投资效率的关系。本章考察债务期限结构对公司违约风险的影响。

公司违约风险的研究已经有数十年的历史，最早可以追溯到 Black 和 Scholes（1973）、Merton（1974）（BSM 模型）。现有的研究成果可以归纳为 3 类：结构模型（structure credit models）、简约模型（reduced form credit models）和不完备信息模型（incomplete information models）。

Black 和 Scholes（1973）、Merton（1974）开创了结构模型的分析范式，它的研究基础是把公司债务看作对企业资产的或有要求权，企业市场价值的变化是其违约风险的基本驱动因素，它一般涉及资本结构、违约边界（阈值）、债务条款、无风险利率及企业价值等变量。结构模型的发展经历了三个阶段：第一个阶段是传统范式，它假定公司是否违约必须在债务到期日才能确定，也就是说，即使债权人在到期日之前知道企业价值不断减少，甚至接近于零，也不能在债务到期日之前采取行动来保护自己的权益，这个假设与现实不符。于是结构模型进入第二个发展阶段——首次触发式（first-passage approach），它假定当企业价值跌到某一触发点时，债权人立即接管企业。这一方法由于分析思路简单明了，且与实际较为相符，因此得到广泛的运用。但是实践中存在企业违约后进行债务重组，然后继续经营的情况，由此，结构模型进入了第三个发展阶段——首次触发式的偏移（excursion approach），它详细地研究了企业存在重组成功的可能情况下违约的概率。

简约模型主要是由 Artzner 和 Delbaen（1995）、Jarrow 和 Turnbull（1995）、Duffie 和 Singleton（1999）提出和发展的，它不需要利用企业的相关参数来评估违约风险，而是直接利用债券市场价格或价差来评估违约风险。与结构模型所认为的违约是企业价值达到债务契约约定的债务重组的最低限的假定不同，简约模型把违约定义为一种突发事件，违约事件的发生服从泊松分布，其分布密度取决于外生给定的变量，违约的达到就是随机过程中的第一跳跃时间。

不完备信息模型在结构模型基础上引进了短期信用风险，它并不对企业价值的变化或违约强度做出假定，而是试图明确用模型定义的违约趋势来估计违约概率和对信用敏感型证券进行定价。它的违约风险溢价可以分解成两个部分：扩散风险溢价和违约事件风险溢价。前者是对投资者承受的企业价值不确定性给予的补偿，后者是对投资者承受的企业价值向下跳跃的不确定性给予的补偿，结构模型中没有考虑进去这一点。所以，不完备信息模型得出了债务到期日临近时，信用风险溢价显著不为零的结论，符合市场实际数据（Zhou，2001；Hilberink and Rogers，2002；Kijima and Suzuki，2001）。它既拥有结构模型对经济状况和企业状况描述的直观性优点，又拥有简约模型参数估计的易处理的优点。

尽管上述模型讨论了债务期限和违约风险的关系，但是它们多数假定公司具有一种同质债务，没有考虑公司债务的期限结构。事实上，不同期限的债务比例组合会使公司具有不同的违约风险，过高或过低的短期债务比例会对企业短期违约风险、长期违约风险、总的违约风险产生重要影响。

Delianedis 和 Geske（1998）在研究中把债务分成了长、短期两类，利用结构模型的思路和复合期权定价公式考察了公司的违约风险。他们的研究结果表明，公司违约概率和债务期限的关系是不确定的，短期债务的违约概率完全有可能高于长期债务，这与以往的研究有很大的不同，以往的文献通常认为债务期限与违约概率呈正相关。虽然 Delianedis 和 Geske（1998）的研究考虑了债务的构成，但是他们并未考察债务期限结构与违约概率之间的关系；另外，他们文章中的模型推导过程不完整且在计算短期债务到期日时的企业价值阈值点有误。本书亦拟用复合期权来研究债务期限结构与违约风险的关系，但本书明确设置了短期债务比例变量，对模型做了严格推导，并严密论证了短期债务比例与违约概率之间的“U”形关系。

4.2 公司债务期限结构与违约风险的理论模型

4.2.1 假设条件

假设在风险中性的、无摩擦的世界中，某负债公司的资产价值服从以下几何布朗运动：

$$\frac{dV}{V} = \mu dt + \sigma dz$$

其中，V 是公司资产价值，μ 是资产期望收益率，dt 是时间增量，σ 是资产收益波动率，dz 是标准布朗运动的增量。公司总债务面值为 D，短期债务面值为 M_1，长期债务面值为 M_2，短期债务所占比例为 λ，即有 $M_1 = \lambda D$，$M_2 = (1-\lambda)D$。假定短期债务的期限为 T_1，长期债务的期限为 T_2，有 $T_1 < T_2$。在债务到期日，若公司资产价值大于债务，则公司偿还债务；若公司资产价值

小于债务，则公司陷入财务危机。在之前，公司不存在任何的现金流支付，因此违约只可能在债务到期日才发生。当违约发生时，债权人可以无清算成本地立即接管该公司，股东什么都得不到。结合期权定价公式的运用条件，本书总结出以下假设条件①。

4.2.1.1　关于市场的假设

假设 1：市场无摩擦，不存在交易成本和税收。资产可以完全无限分割，并可以不断地进行交易，没有卖空限制，不存在借贷差价。

假设 2：市场上不存在无风险套利机会。

假设 3：无风险年利率 r 是已知常量，且利率期限结构是平直的，按连续复利来计算贴现值。

4.2.1.2　关于企业价值的假设

假设 4：假设关于公司价值的莫迪利尼—米勒定理（MM 定理）成立，即有

$$V = S + D$$

其中，S 代表股权价值，V、D 分别为公司价值和债务价值。

假设 5：公司价值的动态变化服从几何布朗运动。

4.2.1.3　关于公司债务的假设

假设 6：公司债务包括长期债务和短期债务，公司在到期日偿还本息。

假设 7：在债务到期日之前，公司不存在任何的现金流支付，这有两个含义：一是公司在债务存续期间债务结构是稳定的；二是违约只可能在债务到期日才发生。

假设 8：债权人享有求偿优先权。

---

① 其中部分条件只是为了数学推导的方便，并不是得出结论所必需的，这些条件与我国制度环境不冲突。

4.2.2 模型推导

首先证明在以上假设条件下，股权价值可以看作以公司资产价值为标的，以债务面值为执行价的欧式看涨期权。在公司债务到期日 T，若公司资产价值 V_T 超过所需偿还的债务面值 D，那么公司股东会选择偿还债务；如果公司资产价值下降到债务面值以下，那么公司无力足额偿还债务，违约发生，此时公司将被债权人无清算成本地接管。因此，股权价值 $S_{V_T} = \text{Max}(0, V_T - D)$，股权价值和债权价值在债务到期日的状况见表 4-1。

表 4-1　债务到期日公司股东和债权人的收益

	$V_T>D$	$V_T\leqslant D$
股权价值	V_T-D	0
债权价值	D	V_T

表 4-1 的关系可以用图 4-1 直观地表示出来，加粗的线即为股权价值随资产价值变化的曲线，它是一个典型的看涨期权图形。表 4-1、图 4-1 已清楚地显示期末股权价值与以公司资产价值为标的、以债务面值为执行价的欧式看涨期权价值是相同的。因此，可以用 Black-Scholes 的期权定价公式来表示股权价值 S，即

$$S = V_0 \cdot N(d_1) - D \cdot e^{-rT} \cdot N(d_2) \tag{4-1}$$

其中，$d_1 = \dfrac{\ln(V_0/D) + (r + \frac{1}{2}\sigma^2)T}{\sigma\sqrt{T}}$，$d_2 = d_1 - \sigma\sqrt{T}$

$N(\cdot)$ 是标准正态分布变量累积概率分布函数，V_0 是现时资产价值，其他符号的定义同前文。若不加特别说明，本章中同一符号代表同一含义。

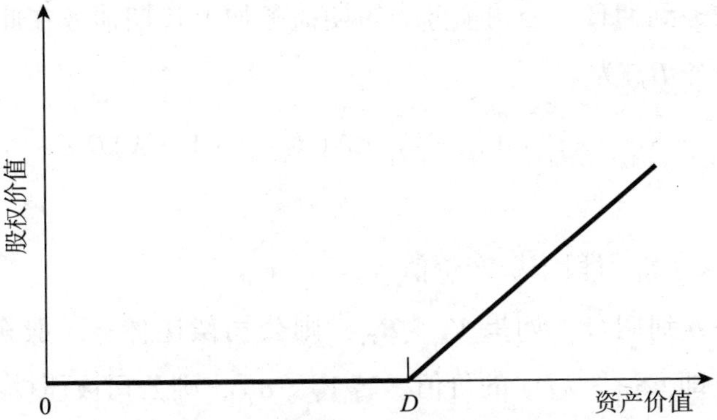

图 4-1　资产价值与股权价值关系

从 Black-Scholes 的期权定价公式的推导过程可知 $N(d_2)$ 是风险中性世界中 $V>D$ 的概率，即公司不违约的概率，$D\cdot e^{-rT}\cdot N(d_2)$ 是债务 D 风险中性期望值的现值。$N(d_2)$ 的具体表达式是

$$N(d_2)=\int_D^{\infty}\frac{1}{V_t}\cdot\frac{1}{\sigma\sqrt{T}\sqrt{2\pi}}\exp\left\{\frac{-[\ln V_t-E(\ln V_t)]^2}{2\sigma^2 T}\right\}dV_t$$

其中，$E(\cdot)$ 代表期望值。

当把债务分长期和短期来考察时，股权价值可以看作一种复合期权（compound options），即它是公司资产价值的买权的买权（a call on a call）。下面推导短期债务比例 λ 与公司违约概率关系的模型。

在 T_2 时段末，股权价值 $S_{V_{T_2}}$ 为

$$S_{V_{T_2}}=\max[0,\ V_{T_2}-M_2]$$

其中，V_{T_2} 是长期债务到期时公司资产价值。

由式（4-1）可知，T_1 时段末股权价值 S_{T_1} 可以看成以 T_2 时段末公司价值为标的、以总债务 D 为执行价的欧式看涨期权，即

$$S_{T_1}=V_{T_1}\cdot N(d_1)-(1-\lambda)D\cdot e^{-r(T_2-T_1)}\cdot N(d_2) \qquad (4-2)$$

其中，$d_1=\dfrac{\ln[V_{T_1}/(1-\lambda)D]+\left(r+\dfrac{1}{2}\sigma^2\right)(T_2-T_1)}{\sigma\sqrt{T_2-T_1}}$，$d_2=d_1-\sigma\sqrt{T_2-T_1}$。

在短期债务到期日，公司债务为短期债务加上长期债务在此时点的价值，因此，此时债务 B_{T_1} 为

$$B_{T_1} = M_1 + V_{T_1} - S_{T_1} = \lambda D + V_{T_1} - V_{T_1} \cdot N(d_1) + (1 - \lambda)D \cdot e^{-r(T_2-T_1)} \cdot N(d_2) \tag{4-3}$$

其中，V_{T_1} 为 T_1 时段末资产价值。

在短期债务到期日，如果 $V_{T_1} > B_{T_1}$，则公司偿还债务，股东获得（$V_{T_1} - B_{T_1}$）的价值，即（$S_{T_1} - \lambda D$）的价值。若 $V_{T_1} < B_{T_1}$，则公司被债权人接管，股东一无所得，因此存在阈值点 $\bar{V}_{T_1}$ 使得下式成立：

$$\bar{V}_{T_1} = B_{T_1} = \lambda D + \bar{V}_{T_1} - \bar{V}_{T_1} \cdot N(d_1) + (1 - \lambda)D \cdot e^{-r(T_2-T_1)} N(d_2) \tag{4-4}$$

那么，零点时刻股权价值期望值的现值为

$$S = e^{-rT_1} E[\max(0,\ S_{T_1} - \lambda D)] \tag{4-5}$$

其中，$E(\cdot)$ 代表期望值。

式（4-5）可以整理为

$$S = e^{-rT_1}\int_{-\infty}^{+\infty} \max(0,\ S_{T_1} - \lambda D) f(u)du = e^{-rT_1}\int_{\ln(\bar{V}_{T_1}/V)}^{+\infty} (S_{T_1} - \lambda D) f(u)du \tag{4-6}$$

其中，$u = \ln(V_{T_1}/V)$，V 为公司资产价值现值，$f(u)$ 为正态分布概率密度函数。积分下限表明：当 $V_{T_1} > \bar{V}_{T_1}$ 时，公司不会违约。

把式（4-2）代入式（4-6），整理得

$$S = Ve^{-rT_1}\int_{\ln(\bar{V}_{T_1}/V)}^{+\infty} e^u N(d_1) f(u)du - (1 - \lambda)De^{-rT_2}\int_{\ln(\bar{V}_{T_1}/V)}^{+\infty} N(d_2) f(u)du - \lambda De^{-rT_1}\int_{\ln(\bar{V}_{T_1}/V)}^{+\infty} f(u)du \tag{4-7}$$

对式（4-7）的第一部分积分求解的结果①：

$$V\int_{-\infty}^{k_1} N\left(\frac{k_2 - \rho w}{\sqrt{1 - \rho^2}}\right) f(w)dw = VN_2(k_1,\ k_2;\ \rho) \tag{4-8}$$

---

① 推导过程见本章附录，参考了陈松男（2003）《金融工程学》第十三章“混合期权”。

其中，$k_1=\dfrac{\ln(V/\bar{V}_{T_1})+\left(r+\dfrac{1}{2}\sigma^2\right)\cdot T_1}{\sigma\sqrt{T_1}}$，

$k_2=\dfrac{\ln[V/(1-\lambda)D]+\left(r+\dfrac{1}{2}\sigma^2\right)\cdot T_2}{\sigma\sqrt{T_2}}$，$\rho=\sqrt{\dfrac{T_1}{T_2}}$，$N_2(k_1,\ k_2;\ \rho)$ 为二元标准正态分布函数。

对式（4-7）第二部分积分求解结果：

$$(1-\lambda)De^{-rT_2}\int_{-\infty}^{k_1-\sigma\sqrt{T_1}}N\left(\frac{k_2-\sigma\sqrt{T_2}-v\rho}{1-\rho^2}\right)g(v)dv=(1-\lambda)De^{-rT_2}N_2(k_1-\sigma\sqrt{T_1},\ k_2-\sigma\sqrt{T_2};\ \rho) \tag{4-9}$$

对式（4-7）第三部分积分求解结果：

$$\lambda De^{-rT_1}\int_{-\infty}^{k_1-\sigma\sqrt{T_1}}g(v)dv=\lambda De^{-rT_1}N(k_1-\sigma\sqrt{T_1}) \tag{4-10}$$

将式（4-8）、式（4-9）和式（4-10）代入式（4-7）得零点时刻股权价值：

$$S=VN_2(k_1,\ k_2;\ \rho)-(1-\lambda)De^{-rT_2}N_2(k_1-\sigma\sqrt{T_1},\ k_2-\sigma\sqrt{T_2};\ \rho)-\lambda De^{-rT_1}N(k_1-\sigma\sqrt{T_1}) \tag{4-11}$$

从式（4-7）第二项：

$$\int_{\ln(\bar{V}_{T_1}/V)}^{+\infty}N(d_2)f(u)du=N_2(k_1-\sigma\sqrt{T_1},\ k_2-\sigma\sqrt{T_2};\ \rho)$$

可以看出它是公司不违约的概率，因为该式计算的是资产在长、短期债务到期日这两个时点都超过当时债务价值的概率，因此公司在 T_1 或者 T_2 的违约概率 P 为

$$P=1-N_2(k_1-\sigma\sqrt{T_1},\ k_2-\sigma\sqrt{T_2};\ \rho) \tag{4-12}$$

式（4-12）即为我们所要求的公司违约风险的测度公式，其中 $\bar{V}_{T_1}$ 可以由式（4-4）求解出，V 为服从对数正态分布的随机变量，λ 为研究变量，其他参数则可以根据实际情况进行设定。下一节将通过数据模拟来揭示违约概率与 λ 的关系。

4.3 公司债务期限结构与违约风险的比较静态分析

4.3.1 基于不同资产风险的债务期限结构与违约概率的关系

根据式（4-4）和式（4-12），笔者利用数据模拟计算了基于一定资产风险水平的不同债务期限结构下的公司违约概率，计算结果见表 4-2。在计算过程中，笔者根据我国大部分公司的债务来源银行借款的实际情况，假定了长期债务期限是 5 年，即 $T_2=5$；短期债务期限是 1 年，即 $T_1=1$；无风险利率取 2005 年我国 1 年期贷款基准利率 $r=0.056$。为了研究不同资产风险条件下公司债务期限结构与违约概率的关系，在本小节中，笔者固定负债水平 $D=50$，这主要表示公司的负债比率是 50%，因为 V 的均值取为 100。V 是服从对数正态分布的随机变量①，笔者用 Matlab 软件产生了 500 个以 100 为均值，以 1 为标准差的服从对数正态分布的随机数，针对每一个 λ 和 σ 值计算了 500 个违约概率，然后取这 500 个数的均值。资产收益波动率 σ 的取值主要参考了 Delianedis 和 Geske（1998）、Leland 和 Toft（1996）、Sarkar（1999）以及石晓军、陈殿左（2004）的研究成果。Delianedis 和 Geske（1998）研究表明，投资级公司的资产收益波动率，约为 0.17，而非投资级公司则约为 0.24；Leland 和 Toft（1996）、Sarkar（1999）在研究中分别取 0.2 和 0.3，石晓军、陈殿左（2004）研究了中国 72 个公司的资产收益波动率，结果是均值约为 0.17。因此，笔者在 0.17~0.40 对 σ 进行取值研究。对以上计算过程的程序

① 这是上一节模型推导中的假定。

文件见本章附录 B。

表 4-2　基于不同资产收益波动率 σ 的违约概率 p 与短期债务比例 λ 的关系

	短期债务比例 λ							
	0.2	0.3	0.4	0.5	0.6	0.7	0.8	0.9
panel A σ = 0.17								
p	0.0017	0.0006	0.0002	0.0001	0.0002	0.0002	0.0003	0.0004
panel B σ = 0.20								
p	0.0077	0.0035	0.0016	0.0012	0.0013	0.0017	0.0022	0.0029
panel C σ = 0.30								
p	0.0792	0.0582	0.0435	0.0350	0.0319	0.0330	0.0364	0.0408
panel D σ = 0.40								
p	0.1982	0.1691	0.1447	0.1256	0.1123	0.1054	0.1051	0.1130

注：表中概率值是基于以下假定计算出来的：$T_1=1$，$T_2=5$，$D=50$，$r=0.056$，V 的均值是 100，方差是 1。

从表 4-2 及图 4-2、图 4-3、图 4-4、图 4-5 可以清楚地看出：在每一个资产风险水平上，随着短期债务比例的升高，公司的违约概率都是先降后升，二者呈“U”形关系。但有所区别的是，在不同的资产风险水平上，公司违约概率达到最低点的位置不同，例如，当 $\sigma=0.17$，$\sigma=0.20$ 时，公司违约概率在短期债务比例 $\lambda=0.5$ 处达到最低；而当 $\sigma=0.30$ 时，公司违约概率在短期债务比例 $\lambda=0.6$ 处达到最低；当 $\sigma=0.40$ 时，违约概率在短期债务比例 $\lambda=0.8$ 处达到最低。这说明当资产风险水平提高时，适当增加短期债务比例会有利于降低债务违约风险。换句话说，资产风险水平的提高会使公司基于风险规避角度的最优债务期限缩短。从表 4-2 中还可以看出：在一定短期债务比例下，随着 σ 的增加，公司违约概率也在增加，例如，在 $\lambda=0.5$ 时，当 σ 从 0.17 增加到 0.40 时，公司违约概率从 0.0001 增加到 0.1256，因此资产风险水平也是影响债务违约概率的重要因素，二者呈正相关关系。

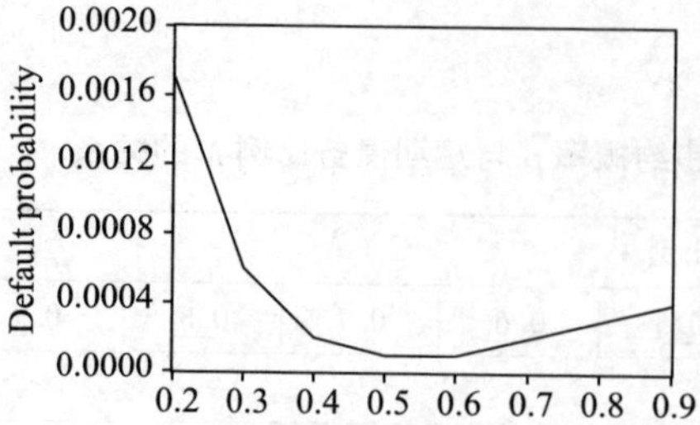

图 4-2　$\sigma=0.17$ 时违约概率与短债比例

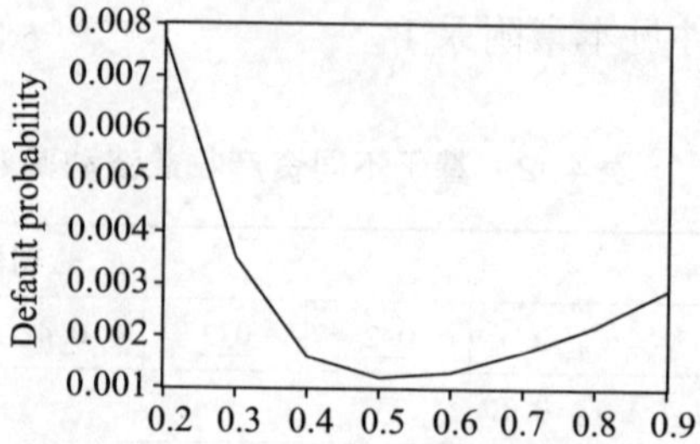

图 4-3　$\sigma=0.2$ 时违约概率与短债比例

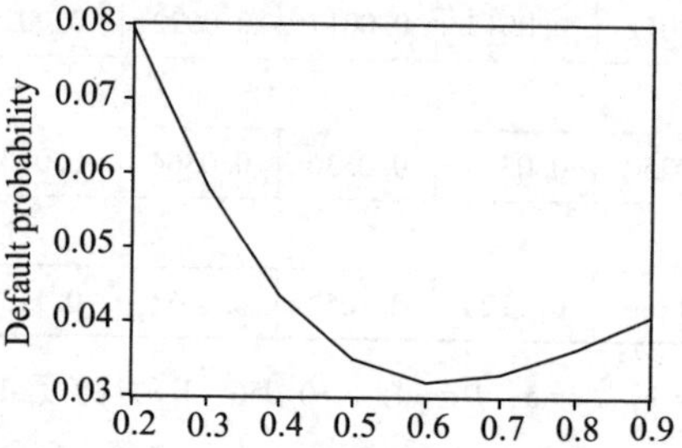

图 4-4　$\sigma=0.3$ 时违约概率与短债比例

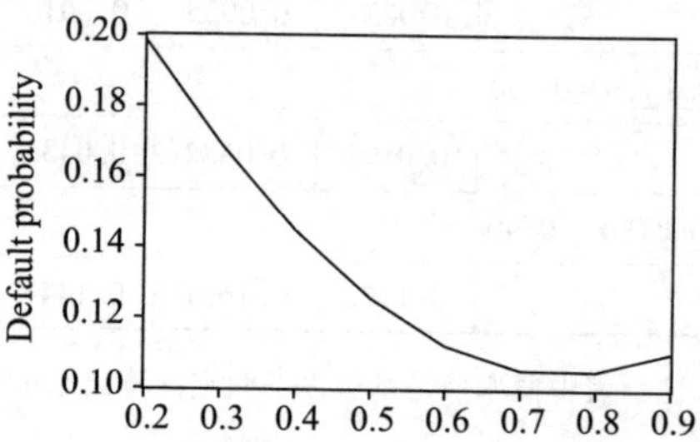

图 4-5　$\sigma=0.4$ 时违约概率与短债比例

4.3.2　基于不同负债水平的债务期限结构与违约概率的关系

在这一部分，笔者计算了基于一定负债水平的不同债务期限结构下的公司违约概率，计算结果见表 4-3。计算过程中的参数设定同上一节，即 $T_2=5$、$T_1=1$、$r=0.056$，σ 取值 0.20。从表 4-3 及图 4-6、图 4-7、图 4-8、图 4-9 可以清楚地看出：在每一个债务水平上，短期债务比例与违约概率都有类“U”形的关系，但有所区别的是，在不同的债务水平上，公司违约概率达到最低点时的短期债务比例不同，即“U”形底部位置不同。例如，在图 4-6 中，负债率为 30%时，对应每一个短债比例，违约概率都非常小，几乎等于 0，这说明在负债比率较小时，无论短债比例为多少，公司都几乎不违约，不过表 4-3 的数值还是显示了在 $\lambda=0.5$ 时违约概率最小；在图 4-7 中，负债率为 50%时，违约概率在 $\lambda=0.5$ 时达到最低；在图 4-8 中，负债率为 70%

时，违约概率在 $\lambda=0.4$ 时达到最低；在图 4-9 中，负债率为 90%时，违约概率在 $\lambda=0.3$ 时达到最低。这说明随着负债水平的提高，最优短债比例越来越低。换句话说，当负债水平增加，违约风险增大时，延长债务期限是最优的。

表 4-3　基于不同负债水平 D 的违约概率 p 与短期债务比例 λ 的关系

	短期债务比例 λ							
	0.2	0.3	0.4	0.5	0.6	0.7	0.8	0.9
panel A D=30								
p	4.6E-05	3.2E-05	1.0E-05	1.0E-08	7.0E-08	1.8E-07	2.2E-07	5.6E-07
panel B D=50								
p	0.0077	0.0035	0.0016	0.0012	0.0013	0.0017	0.0022	0.0029
panel C D=70								
p	0.0521	0.0378	0.0337	0.0363	0.0425	0.0504	0.0593	0.0692
panel D D=90								
p	0.1742	0.1670	0.1752	0.1925	0.2146	0.2387	0.2638	0.2895

注：表中概率值是基于以下假定计算出来的：$T_1=1$，$T_2=5$，$\sigma=0.2$，$r=0.056$，V 的均值是 100，方差是 1。

从图 4-6、图 4-7、图 4-8、图 4-9 和表 4-3 中还能看出：负债比率低于或等于 50%时，过高的长期债务比例会引起违约概率的大幅攀升；而当负债比率超过 50%时，过高的短债比例会引起违约概率的大幅攀升。这意味着当负债水平较高时，减少短债比例可以降低违约的可能性，而当负债水平较低时，虽然违约概率普遍较小，但是过高的长债比例要比过高的短债比例的违约概率大。事实上，这说明这样一个关系：负债比率与短期债务比例呈反向关系。前面的实证研究都证明了这个关系的存在。

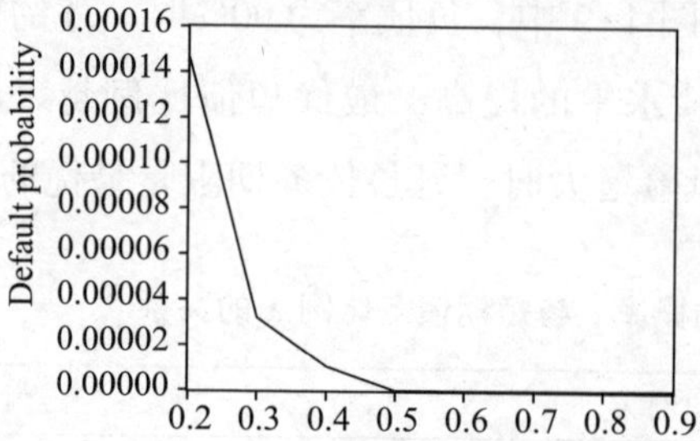

图 4-6　D=30 时债务期限结构与违约概率

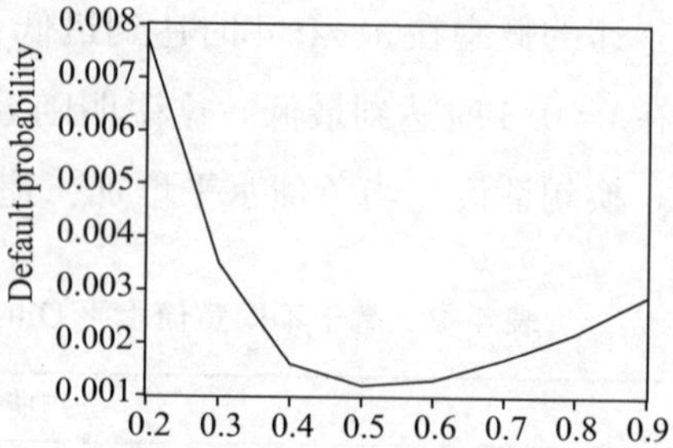

图 4-7　D=50 时债务期限结构与违约概率

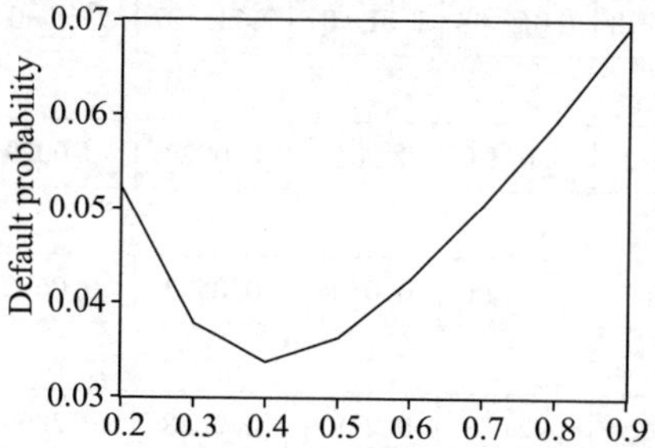

图 4-8　D=70 时债务期限结构与违约概率

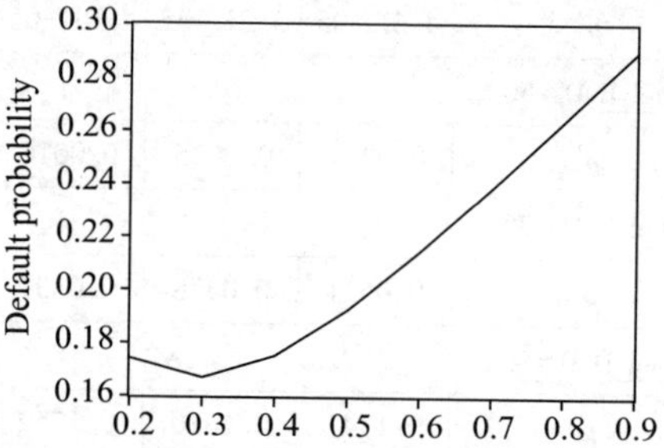

图 4-9　D=90 时债务期限结构与违约概率

4.4　公司债务期限结构与违约风险的实证研究——基于中国上市公司数据

4.4.1　研究假设、数据选择与变量定义

4.4.1.1　研究假设

前文的模型构建条件与我国制度环境没有冲突之处，唯有两点我国目前还不完全具备：一是债务硬约束，即当企业资不抵债时会被依法进行强制性清算，而在我国，企业逃废债现象还部分存在；二是发达的股票市场，我国

股票市场还是弱势有效，企业的违约风险（信用级别）还不能完全、快速地在股价上得到反映①。但这不影响模型的指导意义，随着我国破产机制与股票市场的发展与完善，该模型对现实的指导作用会越来越突出，尤其是量化方面的指导作用会比较显著。通过该模型可以根据公司债务期限结构与资产特点精确地计算出违约概率。目前，此模型可以作为研究我国上市公司债务期限结构与违约风险的定性关系的理论依据。

我国上市公司债务期限结构中短期债务占到 80%以上的比例，根据理论模型，这么高的比例应该在"U"形图的递增阶段，即有短期债务比例与违约风险呈正相关关系。此外，理论模型还揭示了资产收益波动率、负债水平与违约概率也呈正相关关系，因此笔者提出了以下待检验假设：

假设 1：中国上市公司短期债务比例与违约风险呈正相关关系。

假设 2：中国上市公司资产收益波动率与违约风险呈正相关关系。

假设 3：中国上市公司负债水平与违约风险呈正相关关系。

4.4.1.2　数据样本选择

由于违约风险的不可观测性，现有文献对样本数据的选择有两种方法：一种是以所有上市公司为研究样本，计算每个公司财务风险值（如 Altman Z-SCORE）作为违约概率的替代指标；另一种是以 ST 公司为目标组，即潜在违约组，以同等数目的对应行业的非 ST 公司作为对比组，利用二值因变量模型 Logit 或 Probit 模型来研究违约风险与诸变量的关系（吴世农、卢贤义，2001；唐小岸、孟庆福，2002）。笔者认为第一种方法存在一定的问题，因为财务风险值的计算本身需要用到大量财务指标，用这样得到的数值作为因变量来研究它与各财务指标之间的回归关系，会有同义反复之嫌。因此，本书采用第二种方法来选择样本和定义因变量。本书以 2005 年 A 股上市公司中的 ST 公司作为潜在违约组，剔除数据不全的公司，共得到 146 个 ST 公司，在每个 ST 公司所处的行业中随机抽取同等数目的非 ST 公司作为对比组，因此，样本共

---

① 我国这两项宏观环境的不完善不影响后文的实证研究，因为实证设计不是以实际违约的公司为研究对象，而是以处于财务困境的 ST 公司作为潜在违约组的，并且没有用股价作为研究变量。

包含 292 个观测个数。数据来源 Wind 资讯金融数据库。

4.4.1.3 变量定义

被解释变量为二值变量，ST 公司取值 1，非 ST 公司取值 0。解释变量是债务期限结构、资产收益波动率、负债比率。债务期限结构变量用短期债务占总债务的比例来度量，符号记为“*MATURITY*”。

负债比率变量用公司总负债水平与总资产的比例来度量，符号记为“*LEV*”。资产收益波动率用息税前利润（EBIT）与资产账面价值之比的标准差来度量，用符号“σ_E”表示。

另外，根据马九杰（2004）、方洪全（2004）等的研究，公司盈利能力、资产周转率及短期偿债能力也会影响公司的违约风险，因此，本书添加资产净利率、总资产周转率、流动比率作为控制变量，以控制这些因素的作用。所有解释变量和控制变量的定义见表 4-4。

表 4-4 变量定义

变量	符号	定义
潜在违约状况	*DEFAULT*	财务困境取值 1，正常取值 0
债务期限结构	*MATURITY*	短期债务/总债务
资产收益波动率	σ_E	EBIT 与资产账面价值之比的标准差
负债比率	*LEV*	总债务/总资产
资产净利率	*ROA*	净利润/总资产
总资产周转率	*ZCZZ*	销售收入/平均资产总额
流动比率	*LDBL*	流动资产/流动负债

4.4.2 潜在违约组和对比组样本的变量均值差异显著性检验

表 4-5 给出了样本数据各变量的统计特征。各变量对应的 Jarque-Bera 值都很大（除对比组的资产收益波动率以外），这说明样本数据不服从正态分

布，均值比较的 t 检验法以及模型回归的最小二乘估计方法不再适用。从峰度值可以看出，样本数据呈现明显的尖峰分布。

笔者用独立样本非参数检验法——Mann-Whitney U 来检验潜在违约组公司与对比组公司各变量均值差异的显著性，该方法不要求样本数据服从正态分布，表 4-6 是检验结果。从表 4-5、表 4-6 中可以看出：潜在违约组的短期债务比例的均值为 0.9503，中位值为 0.9916，而对比组的短期债务比例的均值为 0.8548，中位值为 0.9273，表明对比组的平均短债比例小于潜在违约组。另外，对比组的负债比率、资产收益波动率也都比潜在违约组的小，而资产净利率、总资产周转率和流动比率却比潜在违约组的大。表 4-6 给出的变量均值差异显著性的检验结果显示：各变量对应的 P 值都为 0，拒绝了均值相等的原假设。因此，这两组样本各变量的均值有显著差异。它们是具有不同特征的两组公司。这从侧面证明了上文的假设 1、假设 2、假设 3。

表 4-5　样本数据的统计描述

	平均值	中位值	最大值	最小值	标准差	偏度	峰度	Jarque-Bera
潜在违约组								
短期债务比例	0.9503	0.9916	1	0.3958	0.0936	-3.2841	15.7565	1252.395
资产收益波动率	6.8640	6.6605	18.1755	4.8761	1.3367	4.2872	36.3896	7229.3820
负债比率	1.6106	0.8560	43.0753	0.1927	3.8782	8.8471	91.8282	49904.94
资产净利率	-19.287	-11.557	8.1459	-168.259	28.346	-2.9773	13.6369	903.9956
总资产周转率	0.3486	0.3014	1.4989	0.0002	0.2829	1.2561	5.2068	68.0244
流动比率	0.7037	0.5816	4.1514	0.0084	0.5741	2.3868	12.2631	6660.6207
对比组								
短期债务比例	0.8548	0.9273	0.9999	0.2854	0.1684	-1.4142	4.2623	58.3668
资产收益波动率	5.3493	5.2190	8.2375	1.8941	1.0624	0.1082	3.3135	0.8830
负债比率	0.5319	0.5627	0.8942	0.0473	0.1679	-0.5051	3.2673	6.6451
资产净利率	0.6792	1.6054	16.0464	-31.0523	6.6477	-2.0486	9.7027	375.4317
总资产周转率	0.7749	0.6055	3.8317	0.0810	0.5539	1.9008	8.9304	301.8673
流动比率	1.4015	1.0880	15.0818	0.2402	1.4667	6.3364	54.9289	17381.38

表 4-6　两组样本的变量均值差异显著性检验

	潜在违约组	对比组	Mann-Whitney U	Wilcoxon W	Sig.
短期债务比例	0.9503	0.8548	5410	16141	0.000
资产收益波动率	6.8640	5.3493	3208	13939	0.000
负债比率	1.6106	0.5319	3651	14382	0.000
资产净利率	-19.287	0.6792	3105	13836	0.000
流动比率	0.3486	0.7749	4544	15275	0.000
总资产周转率	0.7037	1.4015	4713	15444	0.000

4.4.3　回归模型设定

Logit 模型是研究违约风险的有效工具，被研究者广泛采用，它的一般形式如下：

$$L_i = \ln\left(\frac{p_i}{1 - p_i}\right) = X_i\beta + \beta_0 + \varepsilon_i$$

其中，p_i 为当因变量取值 1 时的概率，在本书中即为公司潜在违约的概率；X_i 是由解释变量和控制变量组成的行向量；β 是由待估系数组成的列向量；ε_i 是随机误差项。本书亦拟用 Logit 的模型。

中国上市公司的短债比例在［0，1］区间分布很不平衡，只有 3.1%的公司的短期债务比例在 50%以下，有 67.5%的公司的短期债务比例在 90%以上，表 4-7 给出了公司的频率分布状况。数据的这一特点将使短期债务比例与违约风险不会呈现出“U”形关系，而只能表现出“U”形关系图的右半边部分，即是递增的那部分。笔者设置 Logit 回归模型如式（4-13）：

$$L_i = \ln\left(\frac{p_i}{1 - p_i}\right) = X_{i1}\beta_1 + X_{i2}\beta_2 + X_{i3}\beta_3 + X_{i4}\beta_4 + X_{i5}\beta_5 + X_{i6}\beta_6 + X_{i7}\beta_7 + \beta_0 + \varepsilon_i \quad (4-13)$$

表 4-7　基于短期债务比例变量的公司数目的频率分布状况

短期债务比例区间	50%以下	50%~70%	70%~90%	90%~100%
公司比例	3.1%	8.2%	21.2%	67.5%

4.4.4　Logit 模型回归结果分析

4.4.4.1　模型有效性检验

表 4-8 是模型（4-14）的回归结果。模型的预测准确度为 88.36%，似然比统计量 LR 为 241.2822，Mc-fadden R^2 为 0.5960，这些指标是比较理想的，再加上解释变量的系数都很显著，表明模型是有效的。

表 4-8　模型（4-14）的回归结果

变量	系数	标准误	*Z* 统计量	*P* 值
MATURITY	5.6747	1.6578	3.4230	0.0006
σ_E	0.9797	0.1933	5.0683	0.0000
LEV	4.3934	1.3385	3.2822	0.0010
ROA	-0.0795	0.0316	-2.5162	0.0119
LDBL	0.1134	0.1833	0.6189	0.5359
ZCZZ	-2.5116	0.7645	-3.2852	0.0010
C	-13.0799	2.1072	-6.2069	0.0000
模型预测准确度	88.36%			
LR 统计量	241.2822			
Mc-fadden R^2	0.5960			

注：模型估计经过了 Huber/White 方差稳健性调整。

4.4.4.2　回归结果分析

短期债务比例变量的系数在 1%水平上显著为正，这表明：在其他因素一定的情况下，短期债务比例越高，违约风险越高。资产收益波动率的系数显著为正，这说明随着资产风险水平的提高，违约风险会增加。负债比率系数显著为正，表明负债比率越高，公司违约风险越高。以上三个变量的回归结果充分证明了假设1、假设2、假设3。

关于控制变量的回归结果：资产净利率系数在5%水平上显著为负，表明资产净利率越高，公司的违约风险越低；总资产周转率的系数显著为负，表明随着公司总资产周转率的提高，违约风险随之降低；流动比率的系数不显著。

基于以上的回归结果可以看出：从风险规避的角度来看，我国大部分公司的债务期限结构不是处于最优状态，而是处于明显的高位，即是在“U”形关系图的右上半部分，在这一部分，短期债务比例和违约风险呈正相关：增加短债比例会增加违约概率，降低短债比例会减小违约概率。继续提高短债比例会使公司违约概率进一步增加，进而引发银行坏账增加、社会信用体系脆弱等连锁反应。因此，公司要增强债务期限结构管理的意识，使债务期限结构趋于合理化；政府要积极营造公司举借长期债务的宽松环境，拓宽公司长期债务的融资渠道。

4.4.4.3 稳健性检验

为了检验回归结果的稳健性，本书用短期银行借款比例代替原来的短期债务比例，保持其他变量不变，对模型重新做回归。结果显示：所有解释变量回归系数的符号与原回归结果是一致的，短期银行借款变量的显著性水平比原回归结果更高，*P* 值为0.0003，负债比例和流动比率变量系数的显著性水平也有所提高，只是资产波动率的显著性水平有稍许降低。总的看来，模型回归结果是稳健的，这为从金融机构与公司债权债务关系的角度来解释回归结果提供了更为有力的证据。

4.5　延伸讨论：公司债务期限结构与金融系统风险

金融系统风险的微观诱因就在于企业偏离优化的融资结构，微观层面的财务困境积累并放大为宏观层面的金融危机。这种传导机制可以用图 4-10 来表示。

图 4-10　金融系统风险的传导机制

经济过热、银企关系非正常化等各种内外部环境都可能会导致企业偏离优化的融资结构，从而导致经济危机的出现。具体到本书，由于我国目前债券市场不发达，企业债务融资渠道多数来自银行，利率未市场化引致短期债务比例过高，企业偏离了优化的融资结构，企业的违约风险增加，一旦出现普遍性的经济悲观预期或经济受到外国经济、金融危机的冲击，企业的再融资渠道受到阻隔，经营出现困难，潜在的违约风险就转化为现实破产风险。进而，企业股票价格大幅下跌，金融机构的坏账损失迅速上升，金融市场陷入恐慌，带动房地产市场、外汇、期货等金融产品市场价格的全面下跌，货币开始贬值，经济滑入萧条期。

20 世纪 90 年代末亚洲金融危机爆发的一个主要原因就是企业财务危机所引致的银行危机对经济金融体系的冲击。以韩国为例，危机爆发前的三个季度，韩国的 GDP 增长达到 6%，通货膨胀率为 4%，这些宏观指标表现良好，没有表现出爆发危机的征兆。1997 年 1 月，韩宝钢铁工业公司（韩国第二大钢铁企业）宣布无力偿还债务，拉开了一系列大公司破产的序幕。随即，股市和汇市行情大幅下跌，韩国外汇储备不足以维持本币稳定，韩元汇率一度跌破2000韩元兑1美元，股市和汇市都处于崩溃的边缘。此后，韩国经济步入了漫漫长夜。韩国危机爆发的微观原因在于：一是企业负债过高；二是外债债务期限结构不合理。在韩国产业政策的主导下，韩国大中型企业普遍负债水平较高，1996年韩国权益负债率为317.1%，而同期美国为153.5%，日本为193.2%。韩国对外负债中，中短期债务过多，而长期债务不足。1996年韩国的短期外债与同期外汇储备基本相当，而经常项目又发生赤字，国际收支恶化和短期负债压力的增加使得公众对韩国的偿债能力产生了怀疑，再加上国际游资的推波助澜，很容易引发金融危机。

我国金融体系还处于较为封闭的状态，资本项目下未实现货币可自由兑换，外资银行经营人民币业务还有一定限制，但是，随着我国兑现“入世”的承诺，金融体系的开放程度会逐渐提高，金融风险也会加大。因此，政府需改变目前企业的融资环境，理顺投融资体系，积极推动债券市场发展和利率市场化改革，为企业优化债务期限结构提供良好的外部环境，从根本上预防金融系统风险。

4.6 本章小结

根据前文文献研究，债务期限结构可以从违约风险（信用级别）、投资效率、避税收益等方面影响公司价值，其中违约风险和投资效率是最为重要的方面，因此本书着重研究了公司债务期限结构与违约风险、投资效率的关系。本章考察了债务期限结构对公司违约风险的影响。

本章利用复合期权理论推导出了含有短期债务比例变量的违约概率计算表达式，并通过数据模拟归纳出了二者的关系，得出如下结论：

在资产风险水平、负债比例等因素一定的情况下，短期债务比例与违约风险呈类“U”形关系，这意味着存在某一短期债务比例使违约概率达到最低，即基于风险规避角度的最优债务期限结构是存在的。

随着资产风险水平和负债比率的变化，最优债务期限结构也在变化：当资产收益波动率增加时，最优短期债务比例会提高，即资产风险加大时，缩短债务期限有利于规避违约风险；当负债比率增加时，最优短期债务比例会降低，即当负债水平较高时，延长债务期限将有利于规避风险。

在其他因素一定的情况下，资产收益波动率、负债比率与违约概率呈正相关。

由于我国上市公司短期债务比例普遍较高，样本中有 88.7%的公司的短期债务比例在 70%以上，那么根据理论模型推导的结论，我国上市公司这种债务期限结构明显不是处于最优点附近，而是处于“U”形关系图右半边的递增部分，因此可以得出理论假设：我国上市公司短期债务比例与违约概率呈正相关。笔者利用 Logit 回归模型对此理论假设进行了检验，该假设得到了验证，表明我国公司短期债务主导型债务期限结构蕴藏着较大的违约风险。资产收益波动率、负债比率与违约概率呈正相关关系也得到了验证。

我国上市公司这种债务期限结构状况不仅会使公司价值受到损害，还会给金融系统带来风险，企业偏离了优化融资结构，企业的违约风险增加，一旦出现普遍性的经济悲观预期或经济受到外国经济金融危机的冲击，企业的再融资渠道就会受到阻隔，经营出现困难，潜在的违约风险就转化为现实破产风险，从而引发银行坏账增加、社会信用体系脆弱等连锁反应，造成金融危机和经济的长期萧条。

本章附录 A

1. 式（4-8）的推导过程：

由 $f(u)=\frac{1}{\sqrt{2\pi}\sigma\sqrt{T_1}}e^{-\frac{(u-\mu T_1)^2}{2\sigma^2 T_1}}$，$-\infty<u<+\infty$，令 $v=\frac{u-\mu T_1}{\sigma\sqrt{T_1}}$，因此，$\frac{du}{dv}=\sigma\sqrt{T_1}$；积分下限则为：$h=\frac{\ln(V_{T_1}/V)-\mu T_1}{\sigma\sqrt{T_1}}$；$d_1$ 则变为以下形式：

$$d_1=\frac{\ln(Ve^u/(1-\lambda)D)+\left(r+\frac{1}{2}\sigma^2\right)(T_2-T_1)}{\sigma\sqrt{T_2-T_1}}=$$

$$\frac{u+\ln[V/(1-\lambda)D]+\left(r+\frac{1}{2}\sigma^2\right)(T_2-T_1)}{\sigma\sqrt{T_2-T_1}}=$$

$$\frac{\mu T_1+v\sigma\sqrt{T_1}+\ln[V/(1-\lambda)D]+\left(r+\frac{1}{2}\sigma^2\right)(T_2-T_1)}{\sigma\sqrt{T_2-T_1}}$$

式（4-7）的第一项的积分部分则为

$$\int_{\ln(\bar{V}_{T_1}/V)}^{+\infty}e^u N(d_1)f(u)\,du=\int_h^{+\infty}e^{\mu T_1+v\sigma\sqrt{T_1}}\cdot\frac{1}{\sqrt{2\pi}}e^{-v^2/2}N(d_1)\,dv=$$

$$\int_h^{+\infty}\frac{N(d_1)}{\sqrt{2\pi}}e^{-\frac{1}{2}(v^2-2v\sigma\sqrt{T_1})+\mu T_1}dv=\int_h^{+\infty}\frac{N(d_1)}{\sqrt{2\pi}}e^{-(v-\sigma\sqrt{T_1})^2/2}\cdot e^{rT_1}dv \qquad (4-14)$$

（注：在风险中立世界中，服从对数正态分布的随机变量有以下性质：$\mu t=rt-\frac{1}{2}\sigma^2 t$）

令 $w=v-\sigma\sqrt{T_1}$，则 $dw=dv-\sigma\sqrt{T_1}$，所以式（4-14）为

$$e^{rT_1}\int_{w^*}^{+\infty}\frac{N(d_1)}{\sqrt{2\pi}}\cdot e^{-w^2}dw\quad\left(w^*=\frac{\ln(\bar{V}_{T_1}/V)-\mu T_1}{\sigma\sqrt{T_1}}-\sigma\sqrt{T_1}\right)=$$

$e^{rT_1}\int_{w^*}^{+\infty}N(d_1)\cdot f(w)dwf(w)$ 为标准正态分布。

这里，$N(d_1)=$

$$N\left\{\frac{\mu T_1+w\sigma\sqrt{T_1}+\sigma^2 T_1+\ln[V/(1-\lambda)D]+\sigma^2(T_2-T_1)/2+r(T_2-T_1)}{\sigma\sqrt{T_2-T_1}}\right\}=$$

$$N\left\{\frac{rT_1-\sigma^2 T_1/2+w\sigma\sqrt{T_1}+\ln[V/(1-\lambda)D]+\sigma^2(T_2+T_1)/2+r(T_2-T_1)}{\sigma\sqrt{T_2-T_1}}\right\}=$$

$$N\left[\frac{w\sigma\sqrt{T_1}+\ln[V/(1-\lambda)D]+\sigma^2 T_2/2+rT_2}{\sigma\sqrt{T_2-T_1}}\right]=$$

$$N\left\{\frac{w\sigma\sqrt{T_1}/\sigma\sqrt{T_2}+\{\ln[V/(1-\lambda)D]+\sigma^2 T_2/2+rT_2\}/\sigma\sqrt{T_2}}{\sigma\sqrt{T_2-T_1}/\sigma\sqrt{T_2}}\right\}$$

令 $k_2=\dfrac{\ln[V/(1-\lambda)D]+\left(r+\dfrac{1}{2}\sigma^2\right)T_2}{\sigma\sqrt{T_2}}$，则

$$N(d_1)=N\left(\frac{k_2+\rho w}{\sqrt{1-\rho^2}}\right)\quad\left(\rho=\sqrt{\frac{T_1}{T_2}}\right)$$

所以，式（4-7）的第一项则为

$$Ve^{-rT_1}\cdot e^{rT_1}\int_{w^*}^{+\infty}N\left(\frac{k_2+\rho w}{\sqrt{1-\rho^2}}\right)f(w)dw=V\int_{-\infty}^{-w^*}N\left(\frac{k_2+\rho w}{\sqrt{1-\rho^2}}\right)f(w)dw-$$

$$w^*=\frac{-\ln(\bar{V}_{T_1}/V)+\mu T_1}{\sigma\sqrt{T_1}}+\sigma\sqrt{T_1}=$$

$$\frac{-\ln(\bar{V}_{T_1}/V)+\left(rT_1-\dfrac{1}{2}\sigma^2 T_1\right)+\sigma^2 T_1}{\sigma\sqrt{T_1}}=\frac{\ln(V/\bar{V}_{T_1})+\left(r+\dfrac{1}{2}\sigma^2\right)T_1}{\sigma\sqrt{T_1}}$$

令 $-w^*=k_1$，则式（4-7）的第一项为：$V\int_{-\infty}^{k_1}N\left(\dfrac{k_2-\rho w}{\sqrt{1-\rho^2}}\right)f(w)dw=VN_2(k_1,$

k_2；ρ），这即是式（4-8）。

2. 式（4-9）的推导过程：

由 $f(u)=\dfrac{1}{\sqrt{2\pi}\sigma\sqrt{T_1}}e^{-\frac{(u-\mu T_1)^2}{2\sigma^2 T_1}}$，$-\infty<u<+\infty$，令 $v=\dfrac{u-\mu T_1}{\sigma\sqrt{T_1}}$，因此，$\dfrac{du}{dv}=$ $\sigma\sqrt{T_1}$；积分下限则为：$v^*=\dfrac{\ln(V_{T_1}/V)-\mu T_1}{\sigma\sqrt{T_1}}$。

$$N(d_2)=\frac{\mu T_1+v\sigma\sqrt{T_1}+\ln[V/(1-\lambda)D]+\left(r+\frac{1}{2}\sigma^2\right)(T_2-T_1)-\sigma^2(T_2-T_1)}{\sigma\sqrt{T_2-T_1}}=$$

$$N\left\{\frac{\mu T_1+v\sigma\sqrt{T_1}+\ln[V/(1-\lambda)D]-\sigma^2(T_2-T_1)/2+r(T_2-T_1)}{\sigma\sqrt{T_2-T_1}}\right\}=$$

$$N\left\{\frac{rT_1-\sigma^2T_1/2+v\sigma\sqrt{T_1}+\ln[V/(1-\lambda)D]-\sigma^2(T_2-T_1)/2+r(T_2-T_1)}{\sigma\sqrt{T_2-T_1}}\right\}=$$

$$N\left\{\frac{v\sigma\sqrt{T_1}+\ln[V/(1-\lambda)D]-\sigma^2T_2/2+rT_2}{\sigma\sqrt{T_2-T_1}}\right\}=$$

$$N\left\{\frac{v\sigma\sqrt{T_1}/\sigma\sqrt{T_2}+\{\ln[V/(1-\lambda)D]-\sigma^2T_2/2+rT_2\}/\sigma\sqrt{T_2}}{\sigma\sqrt{T_2-T_1}/\sigma\sqrt{T_2}}\right\}=$$

$$N\left\{\frac{v\rho+k_2-\sigma\sqrt{T_2}}{\sqrt{1-\rho^2}}\right\}$$

此外，$g(v)=f(u)\left|\dfrac{du}{dv}\right|=\dfrac{1}{\sqrt{2\pi}\sigma\sqrt{T_1}}\cdot e^{-v^2/2}\cdot\sigma\sqrt{T_1}=\dfrac{1}{\sqrt{2\pi}}\cdot e^{-v^2/2}$，它服从标准正态分布。

因此，式（4-7）的第二项为

$$(1-\lambda)De^{-rT_2}\int_{\ln(\bar{V}_{T_1}/V)}^{+\infty}N(d_1-\sigma\sqrt{T_2-T_1})f(u)du=$$

$$x(1-\lambda)De^{-rT_2}\int_{v^*}^{+\infty}N\left[\frac{v\rho+(k_2-\sigma\sqrt{T_2})}{\sqrt{1-\rho^2}}\right]g(v)dv=$$

$$(1-\lambda)De^{-rT_2}\int_{-\infty}^{-v^*}N\left[\frac{(k_2-\sigma\sqrt{T_2})-v\rho}{\sqrt{1-\rho^2}}\right]g(v)dv-$$

$$v^*=\frac{-\ln(\bar{V}_{T_1}/V)+\mu T_1}{\sigma\sqrt{T_1}}=\frac{-\ln(\bar{V}_{T_1}/V)+\left(rT_1-\frac{1}{2}\sigma^2T_1\right)}{\sigma\sqrt{T_1}}=$$

$$\frac{\ln(V/\bar{V}_{T_1})+\left(r+\frac{1}{2}\sigma^2\right)T_1}{\sigma\sqrt{T_1}}-\sigma\sqrt{T_1}=k_1-\sigma\sqrt{T_1}$$

因此，式（4-7）第二项为

$$(1-\lambda)De^{-rT_2}\int_{-\infty}^{k_1-\sigma\sqrt{T_1}}N\left(\frac{k_2-\sigma\sqrt{T_2}-v\rho}{1-\rho^2}\right)g(v)dv=(1-\lambda)De^{-rT_2}N_2(k_1-\sigma\sqrt{T_1},\ k_2-\sigma\sqrt{T_2};\ \rho)$$

3. 式（4-10）的推导过程：

再次运用第二项推导的方法得：

$$e^{-rT_1}\cdot\lambda D\int_{\ln(\bar{V}_{T_1}/V)}^{+\infty}f(u)du=e^{-rT_1}\cdot\lambda D\int_{v^*}^{+\infty}g(v)dv=\lambda D\cdot e^{-rT_1}\int_{-\infty}^{k_1-\sigma\sqrt{T_1}}g(v)dv=\lambda D\cdot e^{-rT_1}N(k_1-\sigma\sqrt{T_1})$$

这即为式（4-10）。

本章附录 B

计算违约概率的 matlab 程序文件：

```
lambda=input（'lambda='）
sigma=input（'sigma='）
D=input（'D='）
T=5
```

```
r=0.056
t=1
rho=(t/T)^0.5
f=@(z) lambda×D-z×normcdf((log(z/((1-lambda)×D))+(r+0.5×sigma^2)×(T-t))/(sigma×(T-t)^0.5),0,1)+(1-lambda)×D×exp(-r×(T-t))×normcdf((log(z/((1-lambda)×D))+(r+0.5×sigma^2)×(T-t))/(sigma×(T-t)^0.5)-sigma×(T-t)^0.5,0,1)
V1=fzero(f,100)
s=0
for n=1:1:500
V=lognrnd(4.6052,sigma,1,1);
k1=(log(V/V1)+(r+0.5×sigma^2)×t)/(sigma×t^0.5)-sigma×t^0.5;
k2=(log(V/((1-lambda)×D))+(r+0.5×sigma^2)×T)/(sigma×T^0.5)-sigma×T^0.5;
syms x y
w=(1/(2×pi))×exp(-0.5×x^2-0.5×y^2);
I=int(int(w,y,-inf,(k2-x×rho)/(1-rho^2)),x,-inf,k1);
P1=vpa(I,10)
s=s+p2
end
P1=s/500
```

第5章　公司债务期限结构与投资效率

5.1　引言

违约风险和投资效率是债务期限结构对公司价值产生影响的最为重要的两个方面，上一章已对债务期限结构与企业违约风险关系进行了分析，本章将深入研究债务期限结构与企业投资效率的关系。

Modigliani 和 Miller（1958）认为在完备资本市场中，融资与投资决策是完全分离的，二者不相关。但事实上，由于信息不对称、代理冲突、税收等不完备因素的存在，企业的融资状况会对投资决策产生重要影响，使其出现"投资不足"或"过度投资"的非效率行为。

何谓"投资效率"？在宏观经济学中，它是指投入与产出的对比，通常用"边际产出资本比率"来衡量，即一单位投入所带来多少单位产出的增加，这个比率越大则投资效率越高。在西方经济学中，它是指企业的最优投资规模在长期平均成本的最低点，偏离这一点就是非效率投资。在公司金融中，投资效率通常以负债公司相对于无负债公司在投资时机或投资水平上的偏差来度量，实际就是基于股权价值最大化和基于企业价值最大化的投资决策对比。根据 Jenson 和 Meckling（1976）、Myers（1977）、Hall（1992）、Hart 和 Moore（1995）的研究，负债公司相对于无负债公司会出现"投资过度"（overinvestment）和"投资不足"的非效率行为。由于公司股权可以看成以公司资产价值为标的，以债务面值为执行价的看涨期权，资产风险越大，则股权价值越高。因此，负债公司股东会有以低风险投资项目为保证来发行所谓的“低风险”债务，去从事高风险投资，借此实现财富从债权人向股东的转移。这一现象被称为债务的“资产替代”效应，也是一种“过度投资”行为。此外，公司在举债后，会放弃一些对公司价值有贡献的投资，因为这些投资使债务价值增加较多而使股权价值增加甚微，这就是“投资不足”问题。这种次优投资决策是以债务人的利益为代价获得短期收益，但长期也会使公司价值受损。

作为融资决策一部分的债务期限结构，由于到期期限的限制，它对股东与债权人之间的代理冲突程度和公司破产风险都有较大影响，因此会影响股东的投资决策。Lyandres 和 Zhdanov（2003）通过理论推导和实证检验提出债务期限结构会影响公司提前或推迟实施投资机会，由此造成“过度投资”或“投资不足”。他认为 Myers（1977）所提出的“投资不足”观点对长期债务是适合的，但对短期债务却并非如此。若短期债务比例比较高，公司倾向于提前实施投资机会，以避免破产风险，从而造成“过度投资”。Childsa、Mauerb 和 Ottc（2005）利用或有债权法（contingent claim model）构建模型，得出结论：债务水平与债务期限对投资的影响取决于投资项目与现有资产的关系，当投资项目的实施结果是扩大现有资产时，则负债公司有投资不足倾向，因为项目的实施降低了总体资产的风险水平，债权人收益较多，股东收益较少，所以股东宁愿等待投资时机或者放弃该投资项目；当投资项目实施结果是用风险更大的资产替代现有资产，则负债公司有过度投资倾向。短期债务有可能增加这种非效率投资程度，也有可能降低之，取决于短期债务与债务水平是互补关系还是替代关系。Chang 和 Doina（2004）利用修正的净现值法思想，通过引入债务税盾、非债务税盾和负债成本等因素，研究了对于一个完全由债务融资支持的投资项目，债务期限时间变量对项目净现值的影响，他得出结论：基于净现值最大化的最优债务期限是存在的，它与税率呈正相关，但与利率呈负相关。Sarkar（1999）亦研究了债务期限对一个由债务融资支持的项目投资决策的影响。他利用随机过程数学工具，考察了项目期望净现值最大化时的最优债务期限，研究结果表明最优债务期限与投资项目特点有很大关系，当项目周期较长或波动性较小时，债务期限倾向于延长。Morellec 和 Smith Jr.（2002）、Moyeny（2000）、Ju. 和 Ou-Yang（2006）、Green 和 Talmor（1986）等从理论和实证等方面研究了债务水平对投资决策的影响。

现有的文献较为侧重研究债务水平对投资决策的影响，对债务期限作用的研究较少，而仅有的几篇涉及债务期限的文献没有针对债务期限结构对负债公司非效率投资行为的影响给出明确的结论。本书研究的基本思路是，计算无负债公司和负债公司基于股权价值最大化所做出的投资决策的项目现值阈值点，然后比较二者大小：若前者大于后者，则表明负债公司“过度投资”，因为它所要求的项目现值的门槛价值较低；若前者小于后者，则说明负债公司有“投资不足”倾向。最后，分析这种“偏差”与短期债务比例的关系，以阐明债务期限结构与投资效率的关系。

5.2　公司债务期限结构与投资效率的理论模型

5.2.1　研究假设

在风险中性的、无摩擦的世界中，某负债公司股东面临对某项目进行投资的决策，该项目的价值是不确定的，它服从以下几何布朗运动：

$$\frac{dV}{V}=\mu dt+\sigma dz$$

其中，V 是项目价值，μ 是项目收益增长率，dt 是时间增量，σ 是收益波动率，dz 是标准布朗运动的增量。假设公司没有资金储存，所需项目投资成本 I 完全从外部举债融资，债务完全由项目收益来偿还，所有债务在项目生命周期结束前到期，并且，投资是不可逆的。公司通过折价发行零息票债券筹措资金，债券总面值为 D，短期债券所占比例为 λ，长期债券所占比例为 $(1-\lambda)$，假定短期债务的期限为 T_1，长期债务的期限为 T_2，有 $T_1 < T_2$。那么债务 D 和投资成本 I 存在以下关系：$(1-\lambda)D \cdot e^{-rT_2} + \lambda D \cdot e^{-rT_1} = I$。

在债务到期日，如果项目价值大于债务，公司偿还债务；否则，公司违约，债权人可以无清算成本地立即接管项目。对于股东来说，项目价值降为 0。另外，为简化问题，不考虑税收和折旧。结合期权定价公式的运用条件，本书总结出以下假设条件①。

5.2.1.1 关于市场的假设

假设 1：市场无摩擦，不存在交易成本和税收。资产可以完全无限分割，并可以不断地进行交易，没有卖空限制，不存在借贷差价。

假设 2：市场上不存在无风险套利机会。

假设 3：无风险年利率 r 是已知常量，且利率期限结构是平直的，按连续复利来计算贴现值。

5.2.1.2 关于项目价值与融资的假设

假设 4：项目价值的动态变化服从几何布朗运动。

假设 5：项目完全由债务融资支持，债务由项目收益来偿还。

假设 6：项目期限覆盖债务期限。

5.2.1.3 关于公司债务的假设

假设 7：公司债务包括长期债务和短期债务，公司在到期日偿还本息。

假设 8：在债务到期日之前，公司不存在任何的现金流支付。这有两个含义：一是公司在债务存续期间债务结构是稳定的；二是违约只可能在债务到期日才发生。

假设 9：债权人享有求偿优先权。

---

① 其中部分条件只是为了数学推导的方便，并不是得出结论所必需的。这些条件与我国的制度环境不冲突。

5.2.2 模型推导

根据假设条件，如果公司举债投资于该项目，则股权收益可由第 3 章所给出的复合期权公式定价：

$$S_f = VN_2(k_1,\ k_2;\ \rho) - (1-\lambda)De^{-rT_2}N_2(k_1 - \sigma\sqrt{T_1},\ k_2 - \sigma\sqrt{T_2};\ \rho) - \lambda De^{-rT_1}N(k_1 - \sigma\sqrt{T_1}) \tag{5-1}$$

其中，$k_1 = \dfrac{\ln(V/\bar{V}_{T_1}) + \left(r + \frac{1}{2}\sigma^2\right)\cdot T_1}{\sigma\sqrt{T_1}}$，

$k_2 = \dfrac{\ln[V/(1-\lambda)D] + \left(r + \frac{1}{2}\sigma^2\right)\cdot T_2}{\sigma\sqrt{T_2}}$，$\rho = \sqrt{\dfrac{T_1}{T_2}}$

如果公司不投资于该项目，则股东在此项目上的获益为 0。因此该公司股东决定进行项目投资的项目现值的阈值点 V_f 应满足以下式子：

$$V_fN_2(k_1,\ k_2;\ \rho) - (1-\lambda)De^{-rT_2}N_2(k_1 - \sigma\sqrt{T_1},\ k_2 - \sigma\sqrt{T_2};\ \rho) - \lambda De^{-rT_1}N(k_1 - \sigma\sqrt{T_1}) = 0 \tag{5-2}$$

其中，$k_1 = \dfrac{\ln(V_f/\bar{V}_{T_1}) + \left(r + \frac{1}{2}\sigma^2\right)\cdot T_1}{\sigma\sqrt{T_1}}$，

$k_2 = \dfrac{\ln[V_f/(1-\lambda)D] + \left(r + \frac{1}{2}\sigma^2\right)\cdot T_2}{\sigma\sqrt{T_2}}$，$\rho = \sqrt{\dfrac{T_1}{T_2}}$ V_f 不存在解析解，第 3 小节将通过数据模拟求解。

当公司没有负债时，如果它投资于该项目，则其预期股权收益 $S_w = E(V_{T_2})\cdot e^{-rT_2} - I$，在风险中立环境下，所有资产的期望报酬率是无风险利率 r，有 $E(V_{T_2}/V) = e^{rT_2}$。可知，无负债公司进行项目投资的股权收益为：$S_w = V\cdot e^{rT_2}\cdot e^{-rT_2} - I = V - I$。如果无负债公司不进行项目投资，则股东在此项目的收

益为0。因此无负债公司股东决定进行项目投资的项目现值的阈值点 V_w 应满足式子：$V_w - I = 0$。

如果 $V_f > V_w$，则说明负债公司有投资不足的倾向，因为它所要求的项目现值的门槛价值较高；如果 $V_f < V_w$，则说明负债公司有过度投资倾向，因为它所要求的项目现值的门槛价值较低；如果 $V_f = V_w$，则说明负债对公司投资没有影响。若 V_f 是关于 λ 的增函数，即短期债务比例越高，负债公司所要求的项目现值门槛价值越大，这说明过多短期债务使用会提高公司的投资不足倾向或者是降低其过度投资倾向；反之，则说明短期债务的增加会促使公司过度投资或者是降低公司投资不足倾向。

5.3 公司债务期限结构与投资效率的比较静态分析

5.3.1 基于不同项目风险的公司债务期限结构与投资效率的关系

根据 Drezner（1992）期权算法，笔者编制了 MATLAB 程序来求解 V_f 和 V_w 的数值解。在计算过程中，笔者根据我国大部分公司的债务来源银行借款的实际情况，假定了长期债务期限是5年，即 $T_2 = 5$；短期债务期限是1年，即 $T_1 = 1$；无风险利率取2005年我国1年期贷款基准利率 $r = 0.056$。为了考察不同项目风险条件下公司债务期限结构和投资效率的关系，在本小节中固定负债水平 $D = 50$，由于不同债务期限结构的融资成本不同，因此固定债务水平后，与不同的债务期限结构相对应的初始投资水平不同，无负债公司的阈值点也相应地取不同的值。换句话说，这一设计思路反映这样一种现实情况：已拥有特定债务结构和债务水平的公司，基于股权收益最大化的角度，在考虑债务融资成本和融资风险的情况下，利用净现值法的思想来进行投资决策。根据 Lyandres、Zhdanov（2003），Childsa、Mauerb 和 Ottc（2005）的研究，公司项目的波动率通常在 0.1 和 0.4 之间，因此，本书分别研究了波动率为 0.1、0.2、0.3、0.4 情况下债务期限结构与投资效率的关系。另外，投资非效率程度由 V_w 与 V_f 的差来度量。表 5-1 给出了不同项目风险水平条件下，对应不同的债务期限结构投资的非效率程度数值。通过对图 5-1 至图 5-4 和表 5-1 的分析，笔者得出以下结论：

第一，对于每个项目风险水平，投资非效率程度的绝对值随着短期债务比例的增加，呈现出两头大、中间小的状况，即债务期限结构较为均衡时，投资非效率程度较低。这是因为当短期债务和长期债务相对均等时，公司的财务风险最低①，债权人的利益可以得到最有效的保障，公司与债权人的代理冲突较小，进而债务人所承担的代理成本也会较低，其进行非效率投资的动机就较弱。过高或过低的短期债务比例会引起公司过度投资还是投资不足，则与项目风险有关。

表 5-1　基于不同项目风险的短期债务比例与投资效率的关系

	短期债务比例 λ							
	0.2	0.3	0.4	0.5	0.6	0.7	0.8	0.9
panel A σ =0.4								
V_w	39.68	40.63	41.58	42.53	43.48	44.43	45.37	46.32
V_f	15.39	17.40	18.91	20.03	35.81	36.73	35.66	32.24
投资效率	24.29	23.23	22.66	22.50	7.66	7.69	9.71	14.08
panel B σ =0.3								
V_w	39.68	40.63	41.58	42.53	43.48	44.43	45.37	46.32
V_f	56.37	44.46	39.22	40.01	40.35	40.08	38.72	34.38
投资效率	−16.69	−3.83	2.36	2.51	3.12	4.34	6.65	11.94
panel C σ =0.2								
V_w	39.68	40.63	41.58	42.53	43.48	44.43	45.37	46.32
V_f	44.61	44.68	40.44	41.29	41.69	41.24	38.50	31.02
投资效率	−4.92	−4.04	1.13	1.24	1.78	3.18	6.87	15.30

① 第 4 章已对此做了证明。

续表

	短期债务比例 λ							
	0.2	0.3	0.4	0.5	0.6	0.7	0.8	0.9
panel D σ =0.1								
V_w	39.68	40.63	41.58	42.53	43.48	44.43	45.37	46.32
V_f	52.93	53.27	41.11	40.78	38.62	35.13	60.98	62.26
投资效率	-13.24	-12.63	0.47	1.74	4.85	9.29	-15.60	-15.93

注：各参数值为 $T_1=1$，$T_2=5$，$r=0.056$，$D=50$。“投资效率”的正值代表投资过度，负值代表投资不足。

第二，项目风险越低，越可能发生投资不足的情况；相反，项目风险越高，过度投资的情况越可能发生。这是因为股东对项目的权益是一种期权价值，项目不确定性的增加会提高股权价值，而降低债权价值，如果负债公司投资于项目风险较低的项目则会使债权人增益较多，而股东获益较少，所以公司对低风险项目会表现出明显的投资不足倾向，而对于高风险项目会表现出过度投资倾向。表 5-1 的数据也表明了这一趋势。

第三，对于中等风险项目，长期债务易引致投资不足；对于高风险项目，过高的长期债务比例和过高的短期债务比例都会引致较大的过度投资，而对于低风险项目，过高的长期债务比例和过高的短期债务比例则会引致较大的投资不足。这是因为对于拥有低风险项目公司而言，不均衡的债务期限结构会增加其财务风险，债权人意识到这一点会提高债务人的融资成本，由于项目风险较低，公司进行投资的收益大部分归债权人所有，公司股东所得甚少，因此公司会有明显的投资不足倾向；而对于拥有高风险项目的公司而言，情况则恰好相反，股东会获得投资成功的绝大部分收益，而承担投资失败的有限损失，债权人的利益则会受到较大损害，公司会表现出明显的过度投资倾向。对于拥有中等风险项目的公司而言，当公司的负债比率较为健康时，例如，资产负债率为 50%，较高的长期债务比例会引致破产风险大幅增加。正如前文推理，公司的融资成本增加，表现出投资不足倾向。而较高的短期债务比例虽然也会使公司财务风险增加，融资成本上升，但是上升的幅度较小，对该类项目的投资给股东带来的收益会超过其为此付出的成本。因此公司会表现出过度投资。

第四，对于风险较低的项目，当短期债务比例处于 0.4~0.6 时，投资非效率程度较小，而对于风险较高的项目，如 σ =0.4 的项目，当短期债务比例处于 0.6~0.8 时，投资非效率程度较低。这些说明：对于较高风险的项目，适当提高短期债务的比例可以减少债权人与债务人的代理冲突，从而降低代理成本，减少非效率投资程度；而对于低风险项目而言，均衡长、短期债务比例可以在一定程度上降低债权人与债务人的代理冲突，从而减少投资非效率程度。

综上所述，负债公司对于高风险项目倾向于过度投资，对于低风险项目倾向于投资不足。债务期限结构与投资效率之间不是简单的线性关系，它们的关系在很大程度上依赖项目风险水平，对于中等风险项目，过高的短期债务比例促使公司过度投资，而过高的长期债务比例会引起投资不足；对于高风险项目而言，过高的长期债务比例和短期债务比例都会引起过度投资；对于低风险项目而言，过高的短期债务比例和长期债务比例都会引起投资不足。但是，在每一个风险水平上，短期债务比例与非效率投资程度的关系也有一个共同点：在债务期限结构较为均衡的情况下，投资非效率程度较低，代理成本较小。

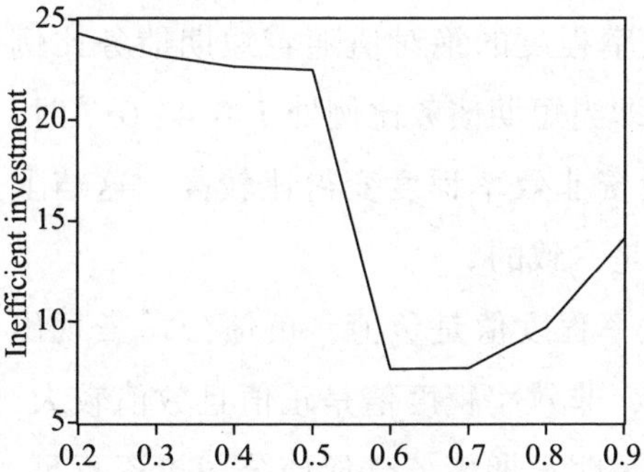

图 5-1　σ =0.4 时短期债务比例与投资效率

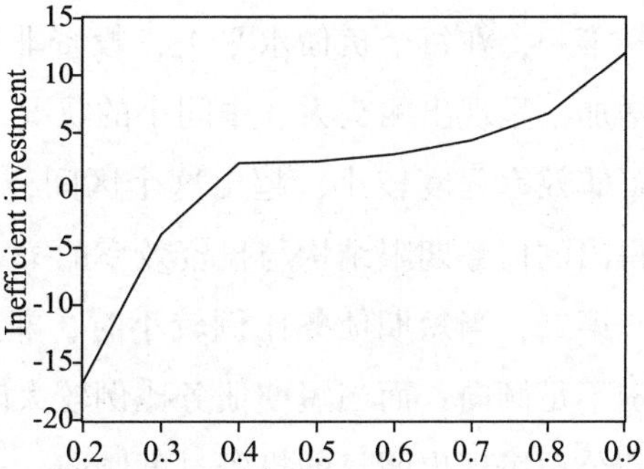

图 5-2　σ =0.3 时短期债务比例与投资效率

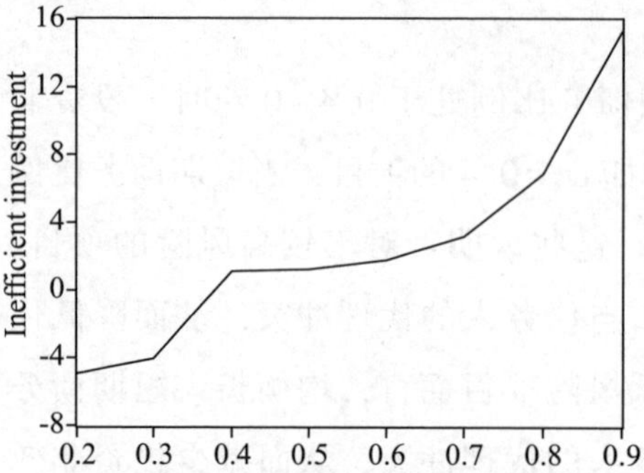

图 5-3　σ =0.2 时短期债务比例与投资效率

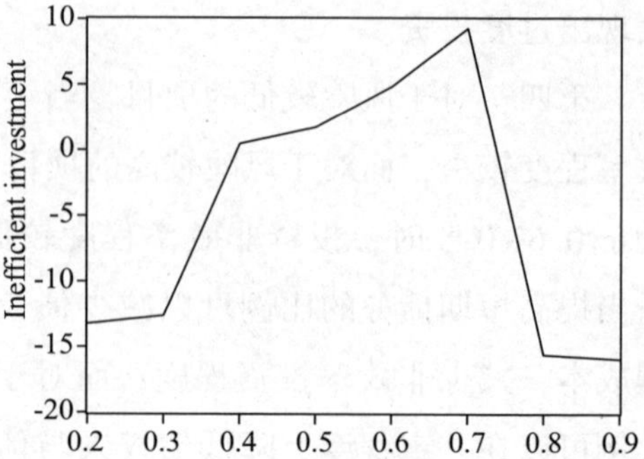

图 5-4　σ =0.1 时短期债务比例与投资效率

5.3.2　基于不同负债水平的公司债务期限结构与投资效率的关系

本节主要研究不同债务水平对债务期限结构与投资效率关系的影响。表 5-2 给出了当负债水平为 90、70、50、30 时，对应不同短期债务比例的投资非效率程度数值，这里笔者固定了项目风险为中等风险 0.2。通过对图表的分析，得出以下结论：

第一，在每个负债水平上，投资非效率程度的绝对值随着短期债务比例的增加，呈现出两头大、中间小的状况，即当短期债务比例处于 0.4~0.7 时，投资非效率程度较小，超出这个区间，投资非效率程度变得比较高。这与上节得出的债务期限结构与投资效率的关系是一致的。

第二，当短期债务比例较小时，非效率程度值是负值，负债公司表现出投资不足倾向；而当短期债务比例较大时，非效率程度值是正值且数值较大，负债公司表现出明显的投资过度倾向。这表明长期债务会促使公司投资不足，而过高的短期债务比例会引致较大程度的过度投资。这与 Lyandres 和 Zhdanov（2003）利用静态决策树模型得出的结论一致。

第三，随着负债水平的降低，投资非效率程度也在降低，例如，当负债水平为 90 时，投资非效率程度的绝对值最大为 27.54，最小为 2.04；当负债水平为 70 时，投资非效率程度的绝对值最大为 21.42，最小为 1.59；当投资水平为 50 和 30 时，投资非效率程度亦依次减少，见图 5-5 至图 5-8。

综上所述，随着公司举借债务规模的提高，债权人与公司的代理冲突上升，基于股权价值最大化的公司进行非效率投资的倾向增加，即负债水平越高，投资非效率程度越大。债务期限结构与非效率投资的关系不依赖债务水平。固定项目风险水平后，在每一个债务水平上，债务期限结构与非效率投资都表现出稳定的递增关系，过高的短期债务比例会引起过度投资，过低的短期债务比例会引起投资不足。

表 5-2　基于不同负债水平的短期债务比例与投资效率的关系

	短期债务比例 λ							
	0.2	0.3	0.4	0.5	0.6	0.7	0.8	0.9
panel A　D=90								
V_w	71.43	73.14	74.85	76.55	78.26	79.97	81.68	83.39
V_f	80.30	80.43	72.80	74.32	75.04	74.23	69.31	55.84
投资效率	-8.86	-7.28	2.04	2.23	3.22	5.74	12.37	27.54
panel B　D=70								
V_w	55.56	56.88	58.21	59.54	60.87	62.20	63.53	64.85
V_f	62.45	62.55	56.62	57.80	58.36	57.73	53.90	43.43
投资效率	-6.89	-5.66	1.59	1.73	2.50	4.46	9.62	21.42
panel C　D=50								
V_w	39.68	40.63	41.58	42.53	43.48	44.43	45.37	46.32
V_f	44.61	44.68	40.44	41.29	41.69	41.24	38.50	31.02
投资效率	-4.92	-4.04	1.13	1.24	1.78	3.18	6.87	15.30
panel D　D=30								
V_w	23.81	24.38	24.95	25.51	26.08	26.65	27.22	27.79
V_f	26.76	26.81	24.26	24.77	25.01	24.74	23.10	18.61
投资效率	-2.95	-2.42	0.68	0.74	1.07	1.91	4.12	9.18

注：各参数值为 $T_1=1$，$T_2=5$，$r=0.056$，$\sigma=0.2$。“投资效率”的正值代表投资过度，负值代表投资不足。

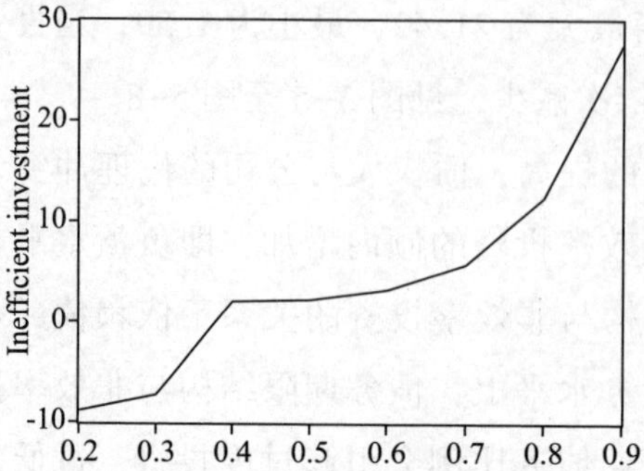

图 5-5　D=90 时债务期限结构与投资效率

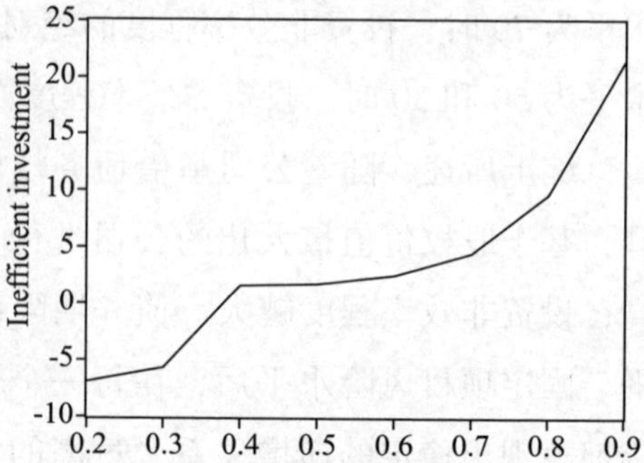

图 5-6　D=70 时债务期限结构与投资效率

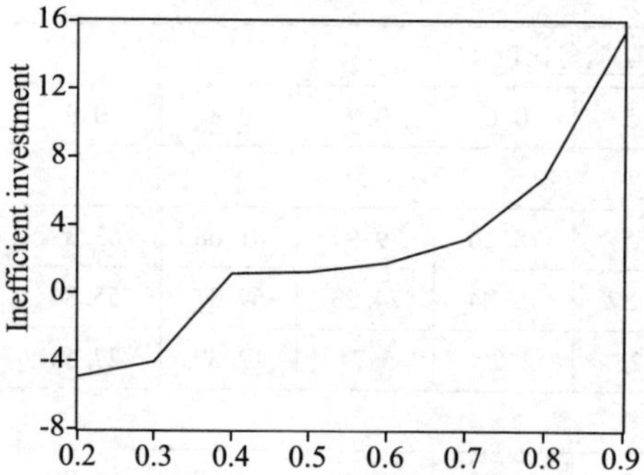

图 5-7　D=50 时债务期限结构与投资效率

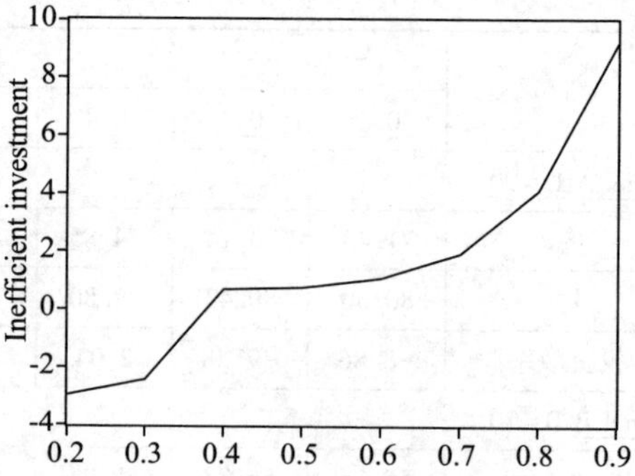

图 5-8　D=30 时债务期限结构与投资效率

5.4　公司债务期限结构与投资效率的实证研究——基于中国上市公司数据

5.4.1　相关文献评述与研究假设

国外有较多实证文献研究了债务水平、现金流水平对公司投资水平的影响，但对债务期限结构与公司投资决策关系的研究较少。Lyandres 和 Zhdanov

(2003) 做了投资密度对负债比率、债务期限结构的回归，实证结果显示，投资密度与负债比率呈显著负相关，与短期债务比例呈正相关。证实了 Myers (1977) 提出的负债的“投资不足”效应和作者提出的短期债务的“过度投资”效应。Aivazian、Ge 和 Qiu (2005) 用相同的变量定义方法和回归模型对此问题进行了研究，同时考虑了自变量与因变量的内生性问题。他们得出结论：债务期限结构对公司投资有显著影响，长期债务易引起“投资不足”，对成长性较好的企业更是如此。与多数文献实证结果相反，Suto (2003) 的实证结果显示：负债水平与投资呈正相关。他考察了马来西亚上市公司在 1997 年金融危机前后的资本结构与投资之间的关系，发现二者呈正相关，这反映了债权人治理作用的弱化。

国内也有一些研究债务融资与公司投资决策关系的实证文献。伍利娜和陆正飞 (2005) 利用实验的方法研究了一定融资结构下，股东—债权人利益冲突对企业投资行为的影响，证明了债务的存在确实会引起企业投资不足或过度投资的非效率行为。刘星和杨亦民 (2006)、李胜楠和牛建波 (2005) 等的研究也表明融资结构与企业投资行为之间有显著相关性，负债对投资效率的负面影响比较显著。童盼 (2005) 利用 1999 年 A 股上市公司的截面数据对拥有不同风险项目的企业的债务期限结构和投资规模关系进行了研究，得出的结论是，短期债务与投资规模呈显著负相关，长期债务的影响不显著。但是，使用截面数据来研究投资变化往往会引起较大误差，这是她实证研究的不足之处。另外，以上文献都是以“投资规模”而不是以“投资非效率”作为因变量来进行实证研究，因此无法正确反映融资结构对公司投资行为的影响。

在我国，随着银行业治理结构的完善、各项法律法规的健全，企业逐渐成为真正意义上的市场主体，债务人与债权人的代理冲突越来越受到广泛关注，债权人出借长期资金时通常会对公司的未来投资行为进行严格的限制，甚至对其股利政策进行限制，这些都构成了公司的融资成本。此外，长期债务的利息成本也较高。因此，公司股东在进行投资决策时必然要求较高的回报率，对于那些虽有利可图但是收益不高的项目予以放弃，这就会导致投资不足。相反，拥有短期债务的公司为了避免流动性风险，并且不使投资机会丧失，它会加大投资进度和规模，这就导致了过度投资。

前文理论模型的构建条件中除一些条件是为了简化数学推导而对现实进行高度抽象外，其他条件与我国制度环境没有冲突之处，依据前文理论模型的推导结果：债务期限结构与非效率投资之间不是简单的线性关系，二者的关系依赖项目的风险水平。由于我国上市公司的短期债务比例普遍较高，68%的公司的短期债务比例在90%以上，因此本书仅对短期债务比例较高时公司的投资非效率状况进行检验，提出以下检验假设：

假设1：对于较高和中等风险项目，短期债务比例较高的公司倾向于过度投资。

假设2：对于低风险项目，短期债务比例较高的公司倾向于投资不足。

假设3：拥有高风险项目的公司倾向于过度投资。

假设4：短期债务比例与投资非效率程度呈正相关。

假设5：负债水平与投资非效率程度呈正相关。

5.4.2 实证研究设计

5.4.2.1 数据样本选择

本书以沪深两市A股上市公司作为研究样本，由于笔者拟用动态回归模型，需要用到延迟两年和滞后两年的数据，所以研究窗口区间是2000—2004年，实际使用数据区间是1998—2006年。根据研究目的，剔除了以下几种情况的公司：①金融类公司；②数据遗漏、不全，指标值有明显测量误差的公司；③变量指标值异常的公司；④主营业务有重大变更的公司。最终得到包括979家公司、4895个观测个数的平衡面板数据。由于在不同的项目风险下，债务期限结构与投资非效率的关系不同，因此，笔者按照投资风险水平对样本进行了分类，得到了63个低投资风险的公司，916个高投资风险公司，观测个数分别为315和4580。下文的变量定义中会对样本分类方法进行详细阐述。数据来源Wind资讯，所用计量分析软件是Eviews5.0。

5.4.2.2　变量定义

第一，投资非效率的度量：根据刘昌国（2006）、Chung（2003）的研究，可以用公司的实际投资水平（I_{it}）对适度投资水平（I_{it}^{*}）的偏离来度量公司投资行为扭曲的程度（I_{it}^{ε}），即

$$I_{it}^{\varepsilon}=I_{it}-I_{it}^{*} \tag{5-3}$$

$I_{it}^{\varepsilon}>0$表示i企业第t期存在过度投资；$I_{it}^{\varepsilon}<0$表示i企业第t期存在投资不足。I_{it}^{ε}的绝对值（$|I_{it}^{\varepsilon}|$）则代表投资扭曲的程度。适度投资水平的确定是研究公司非效率投资的关键。由现代企业投资理论可知，企业成长性（g_{it}）是企业投资需求的内在驱动因素，企业成长性越好，其投资需求就越高。企业的适度投资水平与成长性之间存在如下函数关系：

$$I_{it}^{*}=\beta_0+\beta_1\cdot g_{it}+\mu_{it} \tag{5-4}$$

其中，μ_t是误差项，I_{it}^{*}是不能直接观测的，所以不能直接做回归估计出参数值。

借鉴动态回归模型中的部分调整模型（partial adjustment model）（古扎拉蒂，2005）的思想，笔者假定企业实际投资水平的变化是适度投资水平的一部分，即下式成立：

$$I_{it}-I_{it-1}=\delta(I_{it}^{*}-I_{it-1}) \tag{5-5}$$

δ为一待估参数。把式（5-4）代入式（5-5）得

$$I_{it}=\delta\beta_0+\delta\beta_1\cdot g_{it}+(1-\delta)I_{it-1}+\delta\mu_{it} \tag{5-6}$$

为了消除动态自回归模型（5-6）的残差序列相关和异方差问题，笔者采用广义矩估计（GMM）的方法对其进行系数估计，以回归元的滞后一期值作为工具变量，同时控制了年度效应，并用差分的方法消除了数据截面效应。

投资水平I_{it}以上市公司会计报表中的固定资产、在建工程、工程物质、长期投资的总和的本年年末与上年年末的差值除以上年年末总资产来度量。投资水平I_{it-1}的度量则是用上述各指标值滞后一期值来计算。成长性的度量指标通常有托宾Q值、市盈率、主营业务收入增长率等，因为我国股市的特

殊情况，托宾Q值和市盈率不能准确反映公司的成长性，因此本书用主营业务收入增长率来度量成长性。模型（5-6）的回归结果见表5-3。

表5-3 模型（5-6）的回归结果

变量	系数	标准误	T统计量	P值
滞后一期投资 I_{it-1}	-0.3015	0.0369	-8.1520	0.0000
成长性 g_{it}	0.0476	0.0101	4.7047	0.0000
模型有效性指标：调整 $R^2=0.2358$　回归标准误=0.2135　J统计量=65.8363　工具秩=22				

表5-3的回归结果显示：本期投资与滞后一期投资呈负相关，与成长性呈正相关，回归系数的显著性都非常高，在1%水平上显著；模型调整 R^2 可以接受，且回归标准误较小；根据 J 统计量和工具秩的值进行Sargan检验，表明工具变量的选择是正确的。总之，回归结果是令人满意的。根据模型的回归系数可以计算出 $\delta=1.3015$，$\beta_1=0.0366$。由于用差分方法估计模型，回归结果中没有常数项，因而无法计算出 β_0 的值，笔者用年度固定效应进行替代，这种替代也是可取的，因为常数项 β_0 的经济含义远没有年度固定效应明确。接着，可用式（5-4）计算出适度投资水平 I_{it}^*，用式（5-3）计算出投资偏离值。由于无负债公司更可能根据公司成长机会来决定投资水平，因此，由上文定义的投资扭曲与上节理论模型中定义的投资非效率是相符的。

第二，滞后一期短期债务比例：不平衡的债务期限结构将使公司的投资水平有较大扭曲，对于拥有高风险项目的公司而言，较多短期债务所带来的再融资风险和成本的增加低于项目波动性给股东带来的超额收益，因此公司会倾向于过度投资；对于拥有低风险项目的公司，情况恰好相反，较多的短期债务会促使公司投资不足。本书用滞后一年的上市公司财务报表中的短期负债与总负债的比例来度量该变量。

第三，滞后一期的资产负债率：负债融资对公司投资行为的影响有以下两方面：一是它给股东与债权人之间带来了利益冲突，在假设股东与经理人利益一致的前提下，股东基于股权价值最大化而非企业价值最大化进行投资决策，由此造成投资不足或过度投资；二是负债融资能够抑制股东—经理人的代理冲突，即负债被视为一种公司治理的工具，它可以有效抑制经理人的过度投资冲动（袁增霆、毛振华，2004）。因此，负债对公司投资行为的影响是不确定的，它可能会导致公司过度投资，也可能导致投资不足；它可能会促使公司投资扭曲程度增加，也可能使其减少。本书的假设 5 提出负债比率与公司投资扭曲程度呈正相关的观点是基于股东与债权人的代理冲突得出的。在实证中它是否得到验证要看上述两种作用的对比。该变量用滞后一年上市公司财务报表中的债务与总资产的比率来度量。变量定义见表 5-4。

表 5-4 变量定义

变量	符号	定义	预测符号
非效率投资	I_{it}^{ε}	式（5-1）	/
非效率投资的绝对值	$\lvert I_{it}^{\varepsilon} \rvert$	式（5-1）	/
本期投资规模	I_{it}	[（本年固定资产+长期投资+在建工程+工程物质）-（上年对应值）]/总资产	/
滞后一期投资规模	I_{it-1}	把本期投资规模的各指标值滞后一期计算	-
主营业务收入增长率	g_{it}	(本年年末主营业务收入-上年年末值）/上年年末值	+
滞后一期短期债务比例	STD_{t-1}	短期债务比例/总债务	+/-
滞后一期负债比率	LEV_{t-1}	总债务/总资产	+/-
公司治理状况	GOV	前十大股东持股比例	-
滞后一期自由现金流	FCF_{t-1}	经营活动产生的现金净流量+（利息支出-利息收入）×所得税率-（资本净支出+折旧摊销）	+
投资风险	$RISK$	本年和延后两年的公司息税前利润（EBIT）6 个月值的变异系数	+

第四，公司治理状况：上文已有所述，股东与经理人的代理冲突亦会造成公司非效率投资，治理状况较好的公司，经理人与股东的利益较为一致，发生投资扭曲的可能性就小，由于本书的研究重点是债务期限结构对公司非效率投资的影响，所以笔者设置公司治理状况变量，以控制其对投资扭曲的影响。度量公司治理状况的指标有多种，例如，股权集中度、股东身份、非流通股比例、高管人员持股比例、管理费用率等。依据赵蒲、孙爱英

(2004)，向朝进、谢明（2003），罗丹阳和宋建江（2004）的研究，股权集中度可以很好地反映公司治理状况，对于我国上市公司而言，股权集中度越分散，治理状况就越好。本书用前十大股东的持股比例来度量公司治理状况，预期它与公司投资扭曲呈反向关系。

第五，滞后一期公司自由现金流：由于股东与经理人代理冲突的存在，当公司有较多自由现金流时，经理人有扩大投资以增加自身隐性收入的冲动（冯根福，2006；张先治、袁克利，2005），因此，可以预期公司滞后一期自由现金流和非效率投资呈正相关，自由现金流越多，公司越倾向于过度投资。笔者用 Wind 数据库中的自由现金流项目的数据来度量该变量，以控制自由现金流对投资效率的影响。

第六，投资风险：由于股权可以看成期权，较高的投资风险会降低债权人收益，提高股东的收益，因此可以预期投资风险与投资扭曲呈正相关，高投资风险会促使公司过度投资。借鉴童盼（2005）的方法，本书用本年和延后两年的公司息税前利润（EBIT）6 个月值的变异系数来度量该变量。样本的平均风险水平是 1. 96，中位值是 0. 53，因此笔者取 0. 35 为阈值点把样本分为低风险公司和高风险公司（包括中等风险公司）。

5. 4. 2. 3　样本数据统计描述

表 5-5 是关于变量的描述性统计，各变量对应的 Jarque-Bera 值都很大，说明样本数据不服从正态分布，最小二乘估计方法不适用，笔者拟用广义最小二乘法（GLS）对模型进行估计。从峰度值可以看出，样本数据呈现明显的尖峰分布。公司非效率投资的平均值为 0. 1025，标准差为 0. 2931，说明各公司的非效率投资的离差程度较大。短期债务比例平均值为 0. 8671，中位值为 0. 9318，表明我国上市公司的短期债务比例普遍较高；负债比率的均值为 0. 4611，中位值为 0. 4479，说明我国多数上市公司的负债情况在合理范围内。公司自由现金流的均值为-0. 012，中位值为-0. 0043，表明我国上市公司自由现金流持有水平偏低。

表 5-5　样本数据统计描述

	平均值	中位值	最大值	最小值	标准差	偏度	峰度	Jarque-Bera
I_{it}^{ε}	0.1025	0.0634	11.1545	-1.0608	0.2931	19.8948	653.6353	86663830
$\lvert I_{it}^{\varepsilon} \rvert$	0.1337	0.0764	11.1545	1.88E-5	0.2802	22.6694	771.5163	1.21E+08
STD_{t-1}	0.8671	0.9318	1.2847	0.0288	0.1673	-1.6456	5.6830	3677.625
LEV_{t-1}	0.4611	0.4479	4.8709	0.0091	0.2441	6.2230	93.2065	1691247
GOV	0.6122	0.6266	1.0000	0.0196	0.1254	-0.4561	3.5560	232.7915
FCF_{t-1}	-0.0120	-0.0043	1.0585	-0.6784	0.0967	-0.1938	9.4820	8600.452
$RISK$	1.9620	0.5355	35.7166	0.1293	6.6189	15.6566	379.3751	29092363

5.4.2.4　模型设定

依据研究假设，需要将样本分成高投资风险和低投资风险两类，并且要研究投资扭曲程度（即非效率投资的绝对值）与各自变量的关系。因此，需要估计三类回归模型。笔者采用固定效应回归模型来做回归以控制公司个体的影响。它们的通用形式如下：

$$y_{it} = \alpha_i + \sum_{k=1}^{5} \beta_k x_{itk} + \varepsilon_{it}, \ i = 1, 2, \cdots; \ t = 1, 2, 3, 4, 5 \quad (5-7)$$

其中，y_{it} 为高风险或低风险样本中的非效率投资变量，或者是非效率投资绝对值变量；x_{itk} 代表自变量或控制变量，依次为滞后一期短期债务比例、滞后一期负债比率、公司治理状况、滞后一期企业自由现金流、投资风险。β_k 为待估系数，α_i 为截面固定效应，ε_{it} 为误差项。i 代表企业，t 代表时间。在高风险样本回归模型中，$i=916$；在低风险样本回归模型中，$i=63$；在投资扭曲程度回归模型中，$i=979$。笔者用可行广义最小二乘法（FGLS）对模型进行估计，以消除模型可能有的异方差和序列相关问题。

同时，本书还计算了自变量及控制变量的相关系数矩阵（见表 5-6），计算结果显示，变量间没有显著共线性。为避免债务期限结构变量、资本结构变量可能存在内生性问题，本书对模型做了豪斯曼检验（Hausman Test）。检验结果接受了零假设，说明公司本期的投资效率对上一期的债务期限结构和资本结构的反作用可以忽略不计。

表 5-6 变量间相关系数矩阵

	STD_{t-1}	LEV_{t-1}	GOV	FCF_{t-1}	$RISK$
STD_{t-1}	1	-0.0593	0.0765	0.0472	0.0239
LEV_{t-1}	-0.0593	1	0.1678	0.0665	0.0477
GOV	0.0765	0.1678	1	-0.0713	0.0214
FCF_{t-1}	0.0472	0.0665	-0.0713	1	-0.0202
$RISK$	0.0239	0.0477	0.0214	-0.0202	1

5.4.3 实证结果分析

5.4.3.1 回归模型有效性检验

表 5-7 给出了 5 个模型的估计结果，模型 1 和模型 3 是针对以 0.35 的 EBIT 变异系数为阈值点划分的低、高风险样本所做的回归模型，其中，模型 1 的样本是低风险公司，模型 3 的样本是高风险公司。模型 2 和模型 4 是针对以 0.3 的 EBIT 变异系数为阈值点划分的低、高风险公司所做的回归模型，其中，模型 2 的样本是低风险公司，模型 4 的样本是高风险公司。由于在以 0.35 为阈值点划分样本时，短期债务比例变量在低风险公司样本回归中系数不显著，所以笔者考虑进一步降低风险临界值点，选择风险更低的公司作为样本重新做了回归，重新回归后的结果是短期债务比例变量变得非常显著。

表 5-7 模型估计结果

变量	模型 1	模型 2	模型 3	模型 4	模型 5
STD_{t-1}	-0.0459	-0.3991***	0.0866***	0.0877***	0.0751***
	(-0.9230)	(-5.5070)	(7.5410)	(7.8658)	(7.7651)
LEV_{t-1}	-0.2673***	-0.1025	-0.1232***	-0.1242***	0.0585**
	(-5.0115)	(-1.5974)	(-11.7639)	(-12.6075)	(-7.9562)
GOV	-1.8254***	-0.7646**	-0.1628***	-0.1675***	-0.0895***
	(-5.0776)	(-2.4218)	(-8.9029)	(-9.0729)	(-6.6650)

续表

变量	模型 1	模型 2	模型 3	模型 4	模型 5
FCF_{t-1}	0.0257**	0.0305**	0.0516**	-0.0585***	0.0620***
	(3.2687)	(3.1742)	(4.8238)	(4.8263)	(11.0590)
RISK	0.0005	0.0004	0.0001	0.0001	2.67*E*-5
	(1.1243)	(1.4838)	(0.5817)	(0.6180)	(0.2159)
R^2	0.5999	0.8521	0.5795	0.6007	0.4188
调整 R^2	0.4914	0.8042	0.4738	0.5003	0.2728
回归标准误	0.1852	0.1068	0.2795	0.2769	0.2662
F 统计量	219.5238	637.0144	196.4089	165.4747	147.2453
D-W 值	2.2016	1.9758	2.2154	2.2116	2.2142
观测个数	315	95	4580	4800	4895

注：①模型 1 是 EBIT 变异系数在 0.35 以下的低风险样本公司回归模型，模型 2 是 EBIT 变异系数在 0.3 以下的低风险样本公司回归模型，模型 3 是 EBIT 变异系数在 0.35 以上的高风险样本公司回归模型，模型 4 是 EBIT 变异系数在 0.3 以上的高风险样本公司回归模型，模型 5 是以非效率投资绝对值为因变量的总体回归模型；②固定效应未报告；③变量系数下方括号里是 *t* 统计量；④***、** 表示系数分别在 1%、5%水平上显著。

从表 5-7 中可以看出，模型 1 至模型 4 的拟合优度较好，它们的调整后 R^2 都在 0.47 以上，并且 *F* 统计量较大，说明模型的线性关系是显著的，*D-W* 值也在可接受范围内，不存在严重的序列相关性，主要解释变量的回归系数都很显著。模型 5 的调整 R^2 为 0.2728，拟合优度偏低，但它的其他指标都表现良好，变量系数都非常显著，并且系数符号符合理论预期，所以模型 5 也是可以接受的。

5.4.3.2　回归结果分析

短期债务比例变量在模型 1 和模型 2 中符号为负，在模型 3 和模型 4 中为正（见表 5-7），这一结果表明：对于拥有高风险项目的公司而言，较多短期债务所带来的再融资风险和融资成本的增加低于项目波动性给股东带来的超额收益，因此公司会倾向于过度投资；对于拥有低风险项目的公司，情况恰好相反，较高的短期债务比例增加了公司的财务风险，债权人为维护自身利益会提高债务人的融资成本，由于项目风险较低，公司进行投资的收益大部分归债权人所有，股东所得甚少，因此公司会有明显的投资不足倾向。假设 1 和假设 2 得到了证明。在模型 5 中，短期债务比例变量显著为正，表明较高的短期债务比例会引起较大的投资扭曲，因为不平衡的债务期限结构会加大公司的破产风险，债务人与债权人的代理冲突会提高，所以公司股东就有较大的进行非效率投资的冲动，假设 4 得到了证明。

负债比率变量的回归系数在这 5 个模型中符号都为负，并且比较显著，这一结果符合 Myers（1977）的理论，债务融资所带来的代理成本、破产风险成本会提高公司进行投资的阈值点，所以易促使公司投资不足。它在模型 5 中的符号为负，则与假设 5 相反，负号表明债务水平越高，投资扭曲程度越低。上文已有所述，负债融资对投资有两个方向相反的作用：一是它可能引起投资非效率程度的增加；二是它作为一种治理工具，可以抑制经理人的过度投资。回归结果显示负债融资的治理作用是显著的，负债的增加可以减少投资非效率程度。现有的有关文献认为我国负债融资的负面作用大于正面的观点是不可取的。

公司治理变量的回归系数在 5 个方程中都显著为负，表明公司治理越好，投资扭曲程度就越小，公司过度投资的倾向越能得到遏制。企业自由现金流变量的回归系数在 5 个方程中都显著为正，表明自由现金流越多，企业过度投资的倾向就越大，投资扭曲程度也就越大。投资风险变量的回归系数在这 5 个方程中不显著，但是符号为正，假设 3 未得到完全证明。

5.4.3.3 稳健性检验

为了检验回归结果的稳健性，本书用短期银行借款比例代替原来的短期债务比例，保持其他变量不变，对模型重新做回归。回归结果显示所有解释变量回归系数的符号与原回归结果基本一致，仅在模型 5 中资产风险水平变量系数符号由正变负；短期银行借款变量的显著性水平比原回归结果更高，它在模型 2、模型 3、模型 4、模型 5 中的系数 t 统计量值都在 7.7 以上；模型 1 中自由现金流变量系数和模型 3 中资产负债率变量系数的显著性水平都有所降低。

接着，本书用管理费用率代替原来的前十大股东持股比例来表征公司的治理状况，回归结果显示所有解释变量回归系数的符号与原回归结果是一致的，只是公司治理状况变量的系数显著性水平降低了。总的看来，模型回归结果是稳健的。

5.4.4　投资非效率程度与公司绩效的关系

非效率投资是否的确影响公司绩效，投资扭曲较高的公司是否绩效比较差？这还需要进一步检验。公司绩效的度量主要有以下 3 种方式：托宾 Q 值、企业附加值（EVA）、会计指标。运用托宾 Q 值有两个难题：一是由于我国存在股权分置，所以计算托宾 Q 值所需的股权价值的现实数据无法得到；二是我国的会计方法与国际还未接轨，由我国的财务报表计算出的重置成本与托宾 Q 值计算公式中要求的不一致。企业附加值需要估算权益资本成本，主观性较强。上述两个指标在理论上是很好的，但是在实际运用中还存在一定的障碍。因此，笔者用资产净利率来度量公司绩效，会计指标虽然简单，但通常是最有效的。

笔者以资产净利率为被解释变量，并分别以当期、滞后一期和滞后两期的投资非效率程度为解释变量，做了下面 3 个简单的回归模型。表 5-8 是模型的回归结果：模型 1 中，当期的投资非效率程度的回归系数为正，但是不显著；模型 2 中，滞后一期投资非效率程度的回归系数为负，但是也不显著；模型 3 中，滞后两期的投资非效率程度的回归系数为负，在 10%水平上显著。这表明投资扭曲程度的增加会导致公司绩效的降低，并且投资扭曲对公司绩效的影响往往在随后 1 年或 2 年才会显现出来。

表 5-8 投资非效率程度与公司绩效的回归结果

变量	模型 1	模型 2	模型 3
投资非效率程度	1. 114E-5	-0. 00061	-0. 0029*
	(0. 5478)	(1. 2674)	(1. 9528)
R^2	0. 4160	0. 5422	0. 6521
调整 R^2	0. 2700	0. 4277	0. 4317
回归标准误	0. 2719	0. 1058	0. 0964
F 统计量	30. 7721	84. 0512	89. 1344
$D-W$ 值	2. 3646	2. 3744	1. 9917
观测个数	4895	4895	4895

注：①因变量是公司绩效；②模型 1、模型 2 和模型 3 的自变量分别是当期、滞后一期和滞后两期的投资非效率程度；③用 FGLS 估计了固定效应回归模型，固定效应未报告；④变量系数下方括号里是 t 统计量；⑤* 表示系数在 10%水平上显著。

5. 5 本章小结

本章研究了公司债务期限结构与投资效率的关系，从理论和实证两方面证明了不均衡的债务期限结构容易引致公司的非效率投资，短期债务比例越高，投资非效率程度也越高。笔者首先运用“或有债权”分析法构建理论模型，并通过数据模拟得出债务期限结构与公司投资效率的理论关系，主要结论如下：

投资非效率程度与短期债务比例呈类“U”形关系，即债务期限结构较为均衡时，投资非效率程度较低。因为当短期债务和长期债务相对均等时，公司的财务风险最低，债权人的利益可以得到最有效的保障，公司与债权人的代理冲突较小，其进行非效率投资的动机就较弱。

债务期限结构与投资效率之间不是简单的线性关系，它们的关系在很大程度上依赖项目风险水平。对于中等风险项目，过高的短期债务比例促使公司过度投资，而过高的长期债务比例会引起投资不足；对于高风险项目而言，过高的长期债务比例和短期债务比例都会引起过度投资；对于低风险项目而言，过高的短期债务比例和长期债务比例都会引起投资不足。这是因为对于拥有低风险项目公司而言，不均衡的债务期限结构会增加其财务风险，债权人为维护自身利益会提高债务人的融资成本，由于项目风险较低，公司进行投资的收益大部分归债权人所有，公司股东所得甚少，因此公司会有明显的投资不足倾向；而对于拥有高风险项目的公司而言，情况则恰好相反，股东会获得投资成功的绝大部分收益，而承担投资失败的有限损失，债权人的利益则会受到较大损害，公司会表现出明显的过度投资倾向；对于拥有中等风险项目的公司而言，当公司的负债比率较为健康的情况下，例如，资产负债率为 50%，较高的长期债务比例会引致破产风险大幅增加，正如前文推理，公司的融资成本增加，表现出投资不足倾向，而较高的短期债务比例虽然也会使公司财务风险增加，融资成本上升，但是上升的幅度较小，对该类项目的投资给股东带来的收益会超过为此付出的成本，因此公司会表现出过度投资。

我国上市公司短期债务比例普遍较高，样本中有 88.7%的公司的短期债务比例在 70%以上，笔者根据理论模型推导出理论假设，然后利用动态自回归模型和固定效应模型对我国上市公司的数据进行实证研究，得出结论：

短期债务主导型债务期限结构使得公司在面对较高和中等风险项目时，表现出较高的过度投资倾向，而面对低风险项目，则表现出较高的投资不足倾向。对于拥有高风险项目的公司，较多短期债务所带来的再融资风险和融资成本的增加低于项目波动性给股东带来的超额收益，因此公司会倾向于过度投资；对于拥有低风险项目的公司，情况恰好相反，较高的短期债务比例增加了公司的财务风险，债权人为维护自身利益会提高债务人的融资成本，由于项目风险较低，公司进行投资的收益大部分归债权人所有，股东所得甚少，因此公司会有明显的投资不足倾向。

短期债务比例与投资非效率程度呈正相关。较高的短期债务比例会引起较大的投资扭曲，因为不平衡的债务期限结构会加大公司的破产风险，债务人与债权人的代理冲突会提高，所以公司股东就有较大的进行非效率投资的冲动。

通过以上的研究，笔者认为我国上市公司目前短期债务比例过高的债务期限结构不够合理，极易引起非效率投资。因此，增加上市公司长期债务融资是资本结构优化的方向。

本章附录

1. 求解 V_f 的 Matlab 函数文件

```
function g=f (x)
lambda=input ('lambda=')
sigma=input ('sigma=')
D=input ('D=')
T=5;
r=0.056;
t=1;
rho= (t/T) ^0.5;
f=@ (z) lambda×D-z×normcdf ( (log (z/ ( (1-lambda) ×D) ) + (r+0.5×sigma^2) × (T-t) ) / (sigma× (T-t) ^0.5), 0, 1) + (1-lambda) ×D×exp (-r× (T-t) ) ×normcdf ( (log (z/ ( (1-lambda) ×D) ) + (r+0.5×sigma^2) × (T-t) ) / (sigma× (T-t) ^0.5) -sigma× (T-t) ^0.5, 0, 1);
V1=fzero (f, 100);
k1= (log (x/V1) + (r+0.5×sigma^2) ×t) / (sigma×t^0.5) -sigma×t^0.5;
k2= (log (x/ ( (1-lambda) ×D) ) + (r+0.5×sigma^2) ×T) / (sigma×T^0.5) -sigma×T^0.5;
k3= (log (x/V1) + (r+0.5×sigma^2) ×t) / (sigma×t^0.5);
```

k4=（log（x/（（1-lambda）×D））+（r+0. 5×sigma^2）×T）/（sigma×T^0. 5）;

g=x×M1（k3，k4，rho）-（1-lambda）×D×exp（-r×T）×M4（k1，k2，rho）-lambda×D×exp（-r×t）×nd2（k1）;

2. 求解 V_f 的命令文件

h=@（x）f（x）

s=input（'s='）

x=fzero（h，s）

3. 求解 V_w 的命令文件

lambda=input（'lambda='）

D=input（'D='）

T=5

r=0. 056

t=1

L=（1-lambda）×D×exp（-r×T）+lambda×D×exp（-r×t）

第 6 章　中国上市公司债务期限结构的优化对策建议

前文已论述我国公司短期债务融资比例过高的状况会给公司自身价值及金融系统安全带来不良后果：在微观层面上，它加大了公司的财务风险，扭曲了公司的投资行为，降低了公司价值；在宏观层面上，它弱化了金融信用体系，降低了资金配置效率，易引起经济金融危机。造成我国公司短期债务比例过高的主要原因是宏观制度环境的缺陷，例如，债券市场不发达、利率市场化程度不高、破产机制不完善等。此外，公司长期以来对债务期限结构的管理意识不强也是导致公司债务期限结构不合理的一个重要原因。本章从以下几个方面论述优化公司债务期限结构的对策建议：拓宽长期债务资金的融资渠道，完善债务合理定价的外部环境，加强债权人权益的保护，提高公司管理债务期限结构的意识和决策水平。

6.1　拓宽长期债务资金的融资渠道

6.1.1　大力发展债券市场

我国资本市场的发展经历了十余年的历程，目前已初步形成了包括股票市场、债券市场、基金市场、产权交易市场等在内的资本市场体系，为我国企业融资做出了重大贡献，推动了传统的资金配置格局发生根本性改变，实现了金融资产的多元化和投资主体的多元化。但是我国资本市场还存在一定的问题，例如，资本市场结构不合理，股票市场发展快于企业债券市场，交易所场内交易发展先于场外交易市场发展，证券市场先于非证券化资本市场发展；投资者结构不均衡，机构投资者比例过低，投机者居多，投资者少；市场透明度存在问题，企业做假账，进行内部交易和操纵市价的行为时有发生。

直接融资和间接融资的比例不合理亦是我国资本市场存在的一个重要问题。我国企业直接融资比例远低于发达国家 50%的水平。一般情况下，长期资金的需求主要靠发行股票和债券等直接融方式来解决，短期资金主要靠银行贷款，但是我国企业目前很大一部分长期资金是通过银行贷款获得的，与此同时，商业银行的资产来源又是以短期资金为主，从而产生了短存长贷引发的流动性问题，蕴藏着潜在的金融风险。因此，积极发展公司债券市场，是优化企业债务结构、防范金融系统风险的有力措施。

公司债券、政府债券和股票是资本市场的三大基本证券。在美国，公司债券占三大证券每年融资总额的比重达 60%以上；在欧洲，这一比例高达 80%左右；但在中国，企业债券所占比重不足 2%。缺乏公司债券这一主体证券，资本市场只能是一个扭曲的不完整的市场。在我国，企业债券市场发展缓慢是由多种因素造成的。首先，从企业债券市场的运作机制看，企业债券的非市场化使企业债券市场的发展空间受到限制。目前，我国对企业债券发行有规模管制，这使企业债券发展速度直接受制于国家事前确定的规模，企业无法根据市场情况和自身的需要来决定其融资行为。此外，国家对债券的利率有严格的上限规定，并对发行债券的企业所属的行业、地域等有一定的限制。其次，从企业债券的供给市场看，企业债券对企业缺乏吸引力。企业债券和银行贷款相比较，符合债券融资条件的企业更愿意从银行贷款，因为银行贷款成本更低。企业债券和股票融资相比，企业更偏爱股票。因为企业债券发行者要承担无法到期还本付息的风险，而发行股票既不承担风险又可长期占用资金，且无还本付息压力。最后，从企业债券需求市场看，企业债券的收益性低、流动性差，直接导致了投资需求不旺。虽然企业债券的风险高于国债，但是由于我国国债的收益率相对较高，且免征所得税，从而导致企业债券的实际收益率反倒低于国债收益率。此外，企业债券二级市场一直发展滞后，“券到手中死”的现象普遍，加大了投资风险。

除此之外，我国债券市场发展滞后的一个重要原因是人们对发展债券市场的认识存在偏差。十多年来股市的快速发展给人们造成了误解，似乎发展资本市场就是发展股票市场，且很多人认为“发行股票是企业最重要的融资来源”，但是，著名金融学家米什金指出，发行股票并非企业融资的重要来源，“发行债券远比发行股票重要得多”。美国股票市场最发达，但美国2002年通过公司债券融资所获得的资金要比通过股票融资所获得资金高15倍。原因在于：广大投资者对风险是厌恶的，在三大基本证券中股票属高风险证券范畴，即便舍去股票投资在时间、精力、技能等方面的特殊要求，这种高风险也决定了绝大多数投资者不愿直接介入股市。而且，对于企业而言，股权融资是一种高成本的融资方式，它不仅可能稀释股权，使股价下跌，而且可能引致公司内部管理结构的调整，并由此引起经营策略和发展战略的改变，甚至可能引致被并购风险。这种资金供给者和资金需求者的偏好选择共同决定了公司债券在资本市场的主体地位。

当然，发展债券市场需要一定的条件，本书认为我国可以从以下几方面着手，加快债券市场发展。

6.1.1.1 规范企业债券融资行为，促进企业债券市场健康发行

首先，要加快发展企业债券市场相关的法治建设。应尽快出台有关法律法规，明确发行债券企业、中介机构、投资者等市场各方的权利、义务，规范发债企业和中介服务机构的经营行为，保护投资者合法的权益。其次，要加强对债券发行企业的规范经营。企业作为直接融资的主体，其行为规范与否直接关系到企业债券市场能否健康发展。为此，要建立信息披露制度，让投资人及时了解企业经营及财务状况的变化，通过市场约束企业经营行为。最后，要加大监管和执法力度，严肃查处违法、违规、欺诈等行为，净化市场环境，保护投资者的积极性。通过制定和执行严格有序的市场规则，保证

企业债券市场的长期稳定发展。

6.1.1.2　建立和逐步完善现代企业制度，培育企业债券的供给市场

首先，加快对以产权制度为主要内容的企业改制，逐步完善现代企业制度，从根本上建立起独立自主、自负盈亏的经营机制、风险约束机制，促使企业不断改善经营，提高业绩，按期偿还企业债券本息。其次，建立和健全企业破产清偿制度，塑造企业债券运行机制的微观基础。企业破产机制的建立和完善，关系到企业经营是否受到合理约束、债券投资者利益能否得到保障。在现代企业制度尚未真正建立的情况下，可以企业债券发行量及企业税后利润为准提取一定的抵付债券准备金，增强企业的债务偿付能力。最后，企业应树立新型的现代财务管理意识，注重运用企业财务杠杆，认识债务资本与股权资本对企业价值的影响，科学选择设计企业资本结构的组合。

6.1.1.3　采取积极措施，培育企业债券的需求市场

认真贯彻实施企业信用评级制度，提高企业债券的安全性。加快利率市场化进程，为确保企业债券的收益性创造必要条件。加快企业债券二级市场的发展，增强企业债券的流动性。

6.1.2　积极发展融资租赁业

融资租赁在国际资本市场上已占有十分重要的位置，与银行、证券市场一起成为企业融资的三大渠道。融资租赁是指出租人按照签订的租赁合同或协议，购置承租人需要的资产并将其租赁给承租人使用，承租人以支付租金为代价而获得该设备的使用权。它是一种将融资和融物合为一体，以商品资本的形式满足货币资本需求的信用方式，因此融资租赁也被称为金融性租赁。我国 2001 年颁布的《企业会计准则第 21 号——租赁》中规定：融资租赁的承租人应将租赁起始日租赁资产原账面价值与最低租赁付款额的现值两者中

较低者作为租入资产的入账价值，将最低租赁付款额作为长期应付款的入账价值，并将两者的差额记录为未确认融资费用在各个期间摊销。因此，融资租赁的付款额是企业长期债务的一部分，融资租赁是企业长期债务资金的融资渠道之一。

它对企业优化债务期限结构、提高投资效率有着重要作用，它的优势主要体现在：①双向逆市发展。融资租赁有两种主要功能，即融资功能和推销功能。因此在经济发展时期，需要资金，它能充分发挥融资功能。在经济萧条时期，需要促进投资和消费需求，它可以充分发挥促销功能。不管市场朝哪个方向变化都给融资租赁行业带来商机，企业都有可能从融资租赁中受益。②合理配置社会资源 。融资租赁可以将闲置设备或二手设备进行租赁或再租赁，特别适用国有企业的改革和转轨，不仅解决购买企业资金不足问题，还防止国有资产流失。融资租赁降低了信用风险，盘活了闲置资金的流通。③可以取得税收优惠。国家为了鼓励投资，专为融资租赁提供了税收优惠，通过融资租赁的项目可以加速租赁物件的折旧。实际上是把一些应该上缴国家的税款用来偿还租金，加速了设备的更新改造。④有利于技术改造。企业率先使用先进设备，而不用担负由于技术进步使设备落伍淘汰的风险。这对企业及时更新技术装备，迅速采取新技术、新工艺，提高产品竞争力和市场占有率十分有利。⑤融资费用低廉。融资租赁的租金，乍一看比银行的贷款利息要高，但融资租赁是组合服务，所付租金是综合的。若承租人贷款上项目，在利息支付之外还需支付项目评估和设备选型等前期工作及设备采购与服务的费用，并且，租赁项目还可享受加速折旧的实惠，因此从资金总体成本上看，融资租赁比银行贷款更合算。⑥防范汇率、利率风险。如果从国外采购租赁物件，需要使用外汇。融资租赁可以将外汇折算成人民币后，以人民币计价租赁，可以使承租企业避免因人民币贬值而带来的汇率风险。由于融资租赁在开始时就采用固定利率，承租企业还可以避免利率波动带来的利率风险。

我国融资租赁业始于 20 世纪 80 年代初，在近 20 年的发展过程中，融资租赁为我国电气、机械加工、医疗、通信、环保、公寓酒店等设备的使用与投资发挥了重要作用。但是目前我国融资租赁业还不发达，租赁业务量很小，不及美国业务量的1%，不及韩国的1/10。究其原因，主要有以下几点：①我国在整体上对融资租赁业的认识不够。一直以来，政府仅把融资租赁作为引进外资的一种形式，而没有将其融资、投资、贸易、管理等多方位的作用宣传到位。据调查，融资租赁对许多企业来说仍然是一个陌生的领域，传统的对资产占有观念（重买轻租）仍很普遍，融资租赁的各种功能和优势还没有为企业所认识和掌握。②我国政府对融资租赁所给予的支持不够。融资租赁在各国都离不开政府的支持，尤其是在其发展初期，各国政府在法律、税收等方面给予了强有力的支持。如日本政府对符合国家产业政策的承租人给予专门的政策扶持，金融机构对其提供长期低利率贷款，承租人可以加速折旧，租赁公司可以向银行、保险公司和农信基金借款，还可以发行债券和上市融资，政府积极推行租赁信用保险制度。相比之下，我国政府对融资租赁行业的支持力度尚显不足。③缺乏高素质的融资租赁专业人才。融资租赁是一门综合性很强的边缘性应用科学，涉及金融、投资、贸易、运输、保险、设备工艺、企业管理、财务会计、税收及法律等方面的专业知识，因而要求具有多方面才能的高素质复合型专业人才来从事融资租赁业工作。目前，我国这方面的人才还相当缺乏。④缺乏良好的社会信用环境。良好的社会信用环境是融资租赁开展的外部必要条件。我国正处在市场经济的转轨时期，信用环境尚未真正建立起来。表现在许多企业法律观念淡薄，还贷（还债、还租）意识薄弱，缺乏偿还租金的主动性和自觉性。

本书认为可以从以下几个方面采取措施，推动我国融资租赁业的发展：①政府决策部门应加大对融资租赁知识的宣传和普及力度，提高国民对租赁功能和作用的认知程度，改变企业以往对生产资料的传统思想。②制定专门的《租赁法》。明确租赁业定位，对租赁业的进入退出、业务性质、违约责任等方面进行规范和约束，有关的实施细则和管理办法也应配套出台，使之具有较强的可操作性，确认以产品促销为目的非金融融资租赁公司的合法地位，允许成立以设备制造厂家独资或控股的专业租赁公司，鼓励流通企业和各类投资机构组建非金融机构的融资租赁公司，进一步对内开放融资租赁业。③组织行业协会，加强业内协调，进一步加强对融资租赁理论和实践的研究和运用，创造适合中国市场经济的融资租赁形式。④制定促进融资租赁业发展的适度的优惠政策。例如，允许所有以融资租赁方式进行设备更新的企业实行加速折旧；考虑实行投资减税政策；对所有融资租赁公司的营业税均以租金收益与租赁物购置成本（含利息支出）的差额为计税依据，避免内资和合资融资租赁公司以不同税基计算营业税的双重标准。⑤借鉴国外经验，建立租赁保险制度。租赁项目引入信用担保，既能分散租赁公司的风险，同时又为资信薄弱的广大中小企业进入融资租赁领域创造了条件。⑥为融资租赁业开辟多元化的融资渠道。尽快颁布融资租赁公司委托租赁资金、同业拆借、金融租赁债券的实施管理细则；研究允许金融租赁公司吸收投资机构、供应商、承租人一定数量以上的存款，解决租赁公司的资金不足问题；允许经营管理水平高、效益好的融资租赁公司发行股票，上市融资或将租赁公司的应收租金作为保证，实现租赁债权证券化，出售给国内投资者，加快资金流转。⑦加强人才培养，提高队伍素质。加强对金融租赁公司高级管理人员、从业人员的业务培训，提高租赁业务水平。在社会上公开选拔和招聘高素质租赁人才，健全用人机制。实行融资租赁行业从业资格考试，提升行业整体水平。

6.2 完善债务合理定价的外部环境

6.2.1 加快利率市场化改革

利率是资金的价格，它会影响融资者的融资成本、投资者的投资收益，它是公司投融资决策的重要影响因素之一。对于直接融资而言，利率市场化以后，企业债券利率的确定会根据不同企业的资信状况、信用评级结果，由发行人、承销商根据市场情况，确定适当的利率。资信好、信用级别高的优质企业和上市公司，就会通过发行债券进行融资，优化债务结构，从而降低筹资成本和财务风险。因此，利率市场化促进了企业债券市场的发展，为上市公司优化债务结构，降低融资成本。对于间接融资而言，利率市场化后，商业银行可以根据不同金融产品特点、资金成本、竞争策略、客户价值、风险程度及目标利润进行自主定价，其盈利动力会大幅提高。利率市场化为银行拓展各种客户群特别是目前资金满足状况不高的中小企业和农户等创造了一个很好的定价机制，中小企业将会是利率机制改革受益较多的群体。同时，利率市场化还为商业银行适当提高长期贷款额度、优化存贷期限搭配提供了基础条件，它使商业银行有条件通过提高利率来弥补延长贷款期限所引致的潜在风险。此外，利率市场化还有利于促进企业进行理性融资决策。利率管制下的低利率会使企业尤其是国有大中型企业有资金过度需求的倾向，而银行为了降低风险会有严格的信贷配给，这会造成那些真正有融资需求的企业往往得不到资金支持。因此，利率市场化给信贷市场提供了“自我筛选”的机制，使那些资金需求较低的企业出于融资成本和融资风险的考虑而主动退出信贷市场，将有限的资源可以分配到真正需要的企业。

我国在 1996 年之前一直实行较为严格的利率管制，随着我国由计划经济向市场经济转型，利率管制的弊端逐渐显露出来。一方面，由于利率管制，商业银行不能通过利率差别化来区别不同的贷款人，高风险贷款缺乏高利息补偿，银行处于风险收益不对称状态。随着银行体制改革的推进，商业银行的风险意识大大增强，则“信贷配给”和企业的融资约束问题就显得极为突出，企业很难获得三年期以上贷款。银行这种看似降低违约风险的做法却有可能加大了企业破产的风险，企业资金链一旦断裂，即便经营状况良好，也可能瞬间崩溃，银行贷款一去不复返。另一方面，利率管制容易造成计划性较强的正规金融与市场性较强的非正规金融并存的二元金融结构体系，非正规金融的存在扰乱了正常金融秩序，加大了金融监管难度。此外，管制低利率导致资金利用效率低下、银行信贷人员和政府官员寻租等不良现象，

我国利率市场化改革始于 1996 年 6 月 1 日人民银行放开银行间同业拆借利率。随后，央行又多次扩大贷款利率的浮动区间，直到 2004 年 10 月 28 日，人民银行宣布取消除城乡信用社以外金融机构贷款利率上限，这项举措被巴

曙松称赞为极具里程碑意义，它大大推进了我国利率市场化进程。本书第 2 章实证研究证明了利率市场化后，中小企业的负债水平有显著提高，而企业负债期限却未像预期那样有所延长，笔者认为这主要是我国债券市场还没有充分发展起来，且商业银行正处于改制转型期，在放贷方面非常谨慎所导致的结果。事实上，利率市场化对我国金融市场价格机制形成、金融工具创新、债券市场发展、企业融资结构优化等都有着重要意义，是我国金融体制改革的重要组成部分。

从各国的实践来看，利率市场化改革的形式有激进式和渐进式两种。激进式就是在短期内将存贷款利率同时放开。这种方式的特点是，同时将全部市场参与者推向市场，利率水平完全由市场供求力量决定，中央银行也作为市场参与者之一通过市场来间接调控资金的供求关系。其优点是易于在短期内形成一个统一的、公开的、公平的货币资金市场，迅速切断政府对利率的干预，扭转资金的不合理配置。但是它会造成利率急剧攀升和剧烈波动，企业尤其是金融企业经营困难、无序竞争问题凸显。而渐进式改革就是一种比较稳妥的方式，得到多数国家的采用。该方式的优点是，不会造成金融市场的剧烈震动，可以避免全面放松利率管制可能出现的一系列问题，可以给金融和非金融企业一个逐渐适应和调整的过程，也使政府有机会及早发现问题，随时调整市场化的内容和步骤。但是它的缺点是在制度变迁中会产生较多的寻租成本。

我国目前采用的就是渐进式利率市场化改革，总的思路是，从货币市场入手，遵循培育货币市场与放松对商业银行利率管制并举的原则，发挥货币市场形成的利率信号的导向作用，渐进地推进利率市场化的进程。对利率管制放松的顺序是，先外币，后本币；先贷款，后存款；先大额，后小额；先长期，后短期。

本书认为我国下一步利率市场化改革的焦点是存贷款利率市场化和国有商业银行改革，这两项改革相辅相成。尤其是国有商业银行改革，涉及面广、意义重大，操作起来也比较复杂。除对商业银行进行股份制改造以外，还要注意以下工作：一是放开准入限制，培育多元化产权市场结构，包括进行农信社改革、非银行金融机构培育等；二是减少商业银行不良资产，增强银行抗风险能力，增强银行对利率的敏感性，从而有利于市场利率的形成；三是适时引进利率衍生工具，建立合理的风险分担机制。利率风险并非出现在利率市场化之后，而是贯穿利率市场化的始终，及早引进利率期货、期权、调期等金融衍生品交易，培育这方面的专业人才，提高企业规避利率风险的意识和水平，这也会大大促进利率市场化改革。

6.2.2　积极发展信息咨询服务业

会计、审计、法律、资信评估等咨询服务机构对金融市场的健康发展起着重要的作用。首先，它降低了资本市场的交易成本。咨询服务机构利用自身的专业优势，为投资者和筹资者之间架起了信息桥梁，改善了金融市场信息不对称程度，既降低了投资者的信息搜寻成本，也降低了企业的融资成本，促进了金融市场交易的达成。其次，它可以促进企业健全财务制度、改善财务状况、注重诚信经营，提高自身竞争力。最后，它可以加强投资者参与金融市场的信心，提高其投资理性。

公司长期债务融资由于偿还期限较长，面临的不确定性较多，融资者与投资者之间的信息不对称程度也就越大，此时咨询服务机构的作用就显得尤为突出。一方面，它使投资者正确地认识到融资者的经营状况、财务状况、资信状况以及未来的发展前景，使其可以正确识别优质企业和劣质企业，并对企业债务定价的合理性有一个较为正确的判断，加强了其参与市场的信心和理性。另一方面，它为企业提供审计、法律、信用等方面的鉴定和咨询服务，帮助企业设计合理的融资工具，使其可以合理地将成本融到长期资金中。总之，发达的信息咨询服务机构是债务市场蓬勃发展、债务合理定价的基础条件之一。

但是，我国目前的信息咨询业仍处于欠发达阶段，有关数据显示（李武，2004），美国的全国人均市场研究额为 16.5 美元，日本为 7.9 美元，中国仅为 0.1 美元；中国每个公司拥有的分析师数量为 9 人左右，而德国、美国、荷兰等却有 20 多人，甚至连印度尼西亚、马来西亚和韩国也都在 10 人以上。因此，我国的信息咨询服务业还有很大的发展空间。针对我国咨询业目前管理体制不顺畅、无序竞争严重、专业水平较低等情况，笔者认为可以从以下几个方面来完善咨询业的发展。

6.2.2.1 理顺咨询业的管理体制

首先，建立综合化信息咨询体制。在工作体制上，改变我国目前多数咨询机构依附某一政府机构、发展后劲不足的情况，将这种以纵向为主的信息咨询服务体制逐步改为纵横向结合的体制，尽快在全国范围内建立综合性的、具有合理层次结构的整体化信息咨询体系。其次，建立起强有力的监督管理体系，使其负责对咨询公司的设立、行业行为及信息产品的质量进行严格的审查和监督。最后，在价格机制上，应使价格反映出价值与供求关系，便于生产者和消费者做出正确判断；在竞争机制上，除保留少数事业性服务机制外，其他大量的政府部门和事业单位所属的咨询机构都应面向市场。通过改革把大量提供传统信息服务的情报、文献图书馆的工作重点转移到从事信息增值的咨询服务上。

6.2.2.2 加强信息咨询队伍的建设

要着眼于建立一批实力雄厚的大、中型咨询企业，扶植一批有实力的能与国际大公司竞争的企业。建立一套资格考核制度，对咨询从业人员定期进行考评，在大学和职业学校设置多种类型的咨询课程，通过正规教育和在职培训等形式有计划地培养和造就适应咨询需要的专门人才。同时，要规范从业人员的合理流动。

6.2.2.3 咨询机构本身要充分发挥积极主动性，提高服务质量

在服务内容上要扩大咨询范围，将咨询服务从科技领域扩大到所有领域，将面向有限用户扩展到面向社会所有用户，加强决策信息研究与社会咨询研

究工作。在信息采集加工上不仅要收集文献信息，还要广泛接触社会，依据多种渠道收集有针对性的零次信息；不仅要搞好信息基础加工工作，还要致力于信息的深层次开发和激活。在服务方式上，引进先进技术，加快数据库建设；与通信部门联合，拓宽服务领域。

除以上建议外，政府还要注意信息咨询重要性的宣传，优化全民信息咨询意识；同时，要组建国家信息咨询协会，建立协作网络。

6.3　加强债权人权益保护

6.3.1　完善《公司法》和《破产法》的相关内容

我国公司短期债务比例偏高的一个主要原因是，债权人在预期自身利益无法得到有效保护的情况下，通过缩短债务期限这种事前偿债保障手段来降低资金出借风险。因此，可以预测：若债权人权益得到有效保护，则公司就有更大的可能举借到长期债务资金。《公司法》和《破产法》中虽然有多项规定保护债权人利益，例如，公司财产合理处分制度、公司重大事项公开制度、优先权制度、提前请求清偿债务制度，但是上述几种制度属于对债权人利益的一种滞后的保护，难以适应对债权人全面、积极保护的要求。因此，我国可以借鉴西方国家的成功经验，从以下几个方面来完善公司债权人保护制度。

6.3.1.1　建立有限责任例外制度

有限责任制度作为公司的组织形式是不容置疑的，其不足之处也是客观存在的。许多学者提出，应在公司内部结构上适当吸纳股东个人责任。在某些特殊情况下，援引“揭穿公司面纱”的法律原则，公司债权人有权对公司股东、董事、成员直接提起诉讼，请求赔偿，以此作为有限责任的补充。所谓“公司面纱”，即公司作为法人必须以其全部资产独立地对债务和亏损承担责任，公司的股东以其出资额为限对公司承担有限责任，公司与其股东具有相互独立的人格，当公司资产不足以偿付其债务时，法律不能透过公司的这层“面纱”要求股东承担责任。但是，在英美司法实践中，法院为了弄清法律形式后面的事实真相，以维护公平，可以根据平衡法，绕开公司“面纱”，直接要求公司的股东或成员对公司的债务承担个人责任，以弥补有限责任制度的不足，因此而形成的制度即为有限责任例外制度。

有限责任例外制度作为有限责任制度的补充，是有其严格的适应范围和适用条件的。根据英美司法实践，该制度的适用范围为：第一，当股份资本不足时。充足的资本是公司赖以经营和承担债务的物质基础，也是公司债权人利益的最有力的担保。如果股东未按其认购股份价额向公司缴纳股款，就会使公司承担风险能力大大降低，债权人所承受的风险也就随之加大。在这种情况下，股东应直接对公司的债权人负责。第二，当股东滥用公司人格时。公司具有与股东完全不同的独立人格，两者各具有独立的财产，负有独立的对外责任。但是，如果股东故意混淆公司的财产和个人财产，以公司财产用作股东个人开支，或利用公司人格作为规避法律、逃脱责任的挡箭牌而从事欺诈活动，则法院可以置公司的法律实体于不顾，使公司股东对公司债权人直接负责。以上两种情形是适用有限责任例外制度的实质条件。在程序方面，则规定必须由公司债权人向法院提出诉讼。这是民法上债权的保全理论的具体化和扩展。为了保障债权得以实现，民法上确立了债权人具有撤销权，以避免其债权在将来实现不了。英美司法实践表明，当公司允许其股东行使危害债权的行为时，公司债权人有权请求法院予以撤销，并追究公司乃至股东个人的责任。

在我国，股东滥用公司人格，利用有限责任这层“面纱”，侵犯公司债权人利益的行为，屡见不鲜，而且有牢固的经济基础乃至体制保护。银行贷款信用风险居高不下，许多企业被三角债链条锁住不放，债券持有人难以实现公司许诺的高回报甚至血本无归……因此，我国公司立法应当完善现有的规定，使之形成一个系统的可以实行的具体制度。《公司法》从第 198 条到 206

条规定了公司法律责任；第 97 条规定了公司不能成立时作为发起人的股东的责任。但是，对公司的股东在违反《公司法》侵害债权人如何行使监督权从而发现股东的违法行为未做规定。因此，确立有限责任例外制度，首先必须赋予债权人对公司内部事务有监督的权利，如公司财务信息知悉权；其次要具体规定有限责任例外的适用范围或条件；最后要规定债权人行使权利的法律程序。

6.3.1.2　建立债权人自治制度

鉴于有限责任制度的限制，公司立法在债权人的保护方面一般属于事后保护。要改善这种局面，在不妨碍公司正常经营的情况下，法律应当给予债权人更大权利，使其权利能时常得到保障。债权人自治制度就是其中之一。债权人自治制度包括债券持有人会议制度和破产债权人自治制度。

公司债券持有人会议制度是指公司债券持有人可以通过信托合同，指定委托人，保护其在公司的日常权利。债券持有人或其受托人有权召开债券持有人会议，共同讨论与公司债权人利益相关的重大事项，有权查阅公司账目，并可以被授予对公司有关管理事务方面的表决权。该制度能够积极保护公司债权人的合法权益，在公司的日常经营过程中，形成对公司经营的制约机制。这对于防止公司因经营管理不善而导致财产状况恶化，防止股东及公司成员滥用公司人格的行为，使公司债权人的债权得以实现，具有十分重要的作用。

破产债权人自治制度是破产程序的一项重要制度，它由债权人会议制度、债务和解制度和公司重整制度组成，是保护债权人权利得以实现的最后一道“堤防”。重视对债权人利益的法律保护已成为执行当代《破产法》的一大趋势，并体现在破产债权人自治制度自始至终的每个环节。第一，破产债权人会议制度。它是指全体债权人参与破产程序，表达共同意志并依法行使其职权的一种组织制度，是公司债务和解、公司重整制度的形式保障。我国公司立法对此尚未明确规定，而有关破产方面的法律规范对此方面的规定亦不完整，在今后的立法中应当予以重视。在此，首先要明确债权人会议的组成、法律性质、地位；其次要规范债权人会议的职权。第二，债务和解制度。它是指当公司出现破产原因时，公司债权人可以要求公司就其应清偿债务设定担保，保证自己在公司的权利。此外，还可以参与监督公司的经营与资产管理，直到公司破产原因消失时为止。在这项制度中，公司债权人既享有优先偿付的权利，又享有协助公司扭亏为盈的权利，从而使其债权的实现有了双重保障。第三，公司重整制度。它是指当公司的财产状况恶化，出现破产原因时，公司债权人为了避免更大的损失，可以与公司董事、股东一样，具有申请公司重整的资格，公司通过整顿获得新生。其目的是挽救财产状况恶化而导致公司陷入破产境地免于破产；通过公司的重建再生，使其复苏壮大，进而清理债务，实现负债公司资产最大化，从而保护债权人的利益，保证交易的安全，维护交易秩序稳定。在我国《破产法》完善过程中，应注重该制度的建立和完善。明确公司重整制度的适用对象、程序及重整机构等问题。总之，债权人自治制度应当成为《破产法》中保护债权人利益的一项重要制度。

6.3.1.3 建立从属公司债权人保护制度

各国公司立法都将控制公司和从属公司规定为具有法人地位的独立企业组织，赋予它们独立的法律人格。从属公司受控制公司控制，但两者在财产、经营和责任等方面都是独立的。正因如此，控制公司往往为了欺诈、逃避债务等，建立从属公司，从属公司利益为此而受损害，以致其债权人的合法利益无法得到实现。“在我国现实生活中，当一公司通过一定手段对另一公司实施控制性影响时，法律对被控制的从属公司的债权人利益的保护则显得非常薄弱。”因此，应当在确保发挥有限责任制度作用的前提下，赋予该制度若干例外情形，即依“揭穿公司面纱”原则，要求控制公司对从属公司的债务或行为承担责任。在具体实施过程中，形成了三项重要原则：

一是代理原则。它是指当控制公司对从属公司有过多控制，以致控制公司成为委托人，从属公司成为其代理人时，从属公司的独立法人人格得不到尊重，法院可依据代理原则裁决控制公司应对从属公司的侵权行为或债务承担责任。

二是工具原则。如果从属公司名义上是一个独立的法人，但实际上完全控制公司，并被控制公司作为其故意侵权逃避法律的一层面纱、一个工具时，法院则判决控制公司承担责任。

三是企业整体原则。只要将一个企业整体分成几个不同的法律实体，其目的是损害债权人的利益或有其他不良用意时，法院可视几个公司为一体，认定只存在一个企业整体，并要该企业整体对其组成单位（从属公司）的行为或债务负责。这项制度已成为现代公司法演进的一大趋势。

然而，我国公司立法对控制公司与从属公司没有规定其法律义务，也未对控制公司与从属公司关系的法律规范做出任何规定，使得两者关系的法律调控在立法上形成了真空。因此，必须借鉴国外立法经验，加强该制度建设，使保护公司债权人得以全面实现。

6.3.2　加强社会信用体系建设

目前，我国社会经济生活中的信用缺失现象普遍存在，恶意逃债、合同违约、债务拖欠、商业欺诈等经济失信现象还比较多，严重损害了债权人利益，大大提高了债务市场的交易成本，降低了市场效率和经济的活力。因此，加强社会信用体系建设是保护债权人利益、促进债务市场健康发展的重要条件之一。根据我国目前的社会信用体系状况，本书建议从以下几个方面来完善我国社会信用体系。

6.3.2.1　尽快制定有关信用的法律制度，加快信用方面的立法和执法步伐

社会信用不仅需要道德约束，更需要法律约束。政府要健全有关社会信用的法律法规制度，应按照充分保护债权人利益的原则，进一步完善市场经济条件下交易主体之间债权债务关系的法律体系，健全维护社会信用的法治保障体系，促进市场交易的顺利进行。要建立全国统一的企业和个人信用代码、信用征集、信用评价、信用担保、失信惩戒等一系列信用制度，有效发

挥法律和市场对失信行为的双重惩罚机制，切实保护守信企业的合法权益，为社会化信用体系建设奠定法律基础。尤其应强调的是，要尽快建立和完善失信惩罚机制，明确在市场经济中失信的法律边界是什么，失信到什么程度将给予何种程度和形式的制裁。通过这种失信惩罚机制的设立，使失信者付出的代价远远大于其获得的收益，加大企业或个人失信的成本，迫使其行为趋向守信，让守信成为守信者的通行证。

6.3.2.2 快速推进信用中介服务行业的市场化发展

借鉴发达国家的经验，目前推进信用中介服务行业的市场化发展，一方面，要鼓励信用中介机构注重自身信用数据库建设；另一方面，政府有关部门要建立行业或部门的数据库，待条件成熟时，可将自建数据库中的部分内容提供给信用中介机构或与信用中介机构共享，为我国信用行业的发展提供支持。当然，信用中介服务行业的发展必须在政府的有效监督和管理之下，对其机构的准入、资质条件加以规范，使其真正成为体现公平、公开、公正原则和品格的社会信用管理服务机构。

6.3.2.3 建立并逐步完善政府及相关部门的信用监督和管理体系

创建社会信用体系，需要全社会的共同努力，更需要各级政府的大力推动。加强政府信用建设，完善信用监督和管理体系，应做好以下两方面工作：一是政府应充分发挥好示范作用。政府信用水平提高了，取信于民，对社会信用发展就起到积极的推动作用。政府首先要讲信用，不能朝令夕改，凡是对外商、企业、市民承诺的事情，要说到做到。应根据社会主义市场经济发展的需要，积极转变职能，以行政机关依法行政为突破口，努力营造廉洁高效的政务环境和公正透明的司法环境，不断提高政府信用水平，切实以政府信用建设带动整个社会信用建设。二是充分发挥好引导、助推作用。信用建设是一个社会系统性工程，涉及社会生活的各个方面，需要在政府的统一领导下，形成银行、法院、公安、工商、财政、税务、新闻宣传等各部门分工合作，共同维护社会信用的局面。

6.3.2.4　加强行业协会等民间机构的自律管理

协会是企业行业自律的专业组织，是政府与企业（包括职业从业人员）沟通的桥梁。协会主要功能是帮助企业和职业从业人员提高信用观念，引导企业加强信用管理，培育企业和职业从业人员的信用需求，为会员（企业和职业从业人员）提供信用服务等。行业协会还可以利用会员资料设立行业信用数据库，依法公布行业内失信者的“黑名单”，通过组建行业信用服务机构，建立行业协会信用平台，形成企业和个人（主要经营者和职业从业人员）信用体系，营造良好发展的行业信用环境，为社会化的商业性联合征信体系的健康发展创造条件。

6.3.2.5　加强企业信用管理

加强企业信用管理，不仅可以大幅减少因授信不当导致合约不能履行以及授信企业对履约计划缺乏管理而出现违约现象的发生，而且可以形成对失信企业和机构的市场约束机制，使信用记录不良的企业在各企业的客户管理中被筛选掉，使其没有市场活动的机会和空间。企业如何加强信用建设，主要包括以下几个方面：一是要努力树立品牌意识、形象意识，不断增强维护信用的自觉性。二是要加快产权制度改革，建立现代企业制度。现代经济理论研究表明，失信问题的产生有很多制度方面的原因，其中，产权不明晰、司法公正性欠缺和透明度不够等是主要原因。三是要成立专门的信用管理部门，狠抓管理，堵塞漏洞。

6.3.2.6　加强全民道德教育，增强个人信用观念

在市场经济环境下，市场主体的行为准则首先应是讲信用，无论是法人主体还是公民个人，都应树立守信的公众形象，树立“以讲信用为荣，不讲信用为耻”的社会意识。这种意识和理念要通过各种宣传、教育、典型示范来进行，通过加强全社会范围内的信用教育、科研和培训来实现。新闻宣传

部门要充分发挥舆论监督的作用，正确引导舆论导向，采取灵活多样的形式，大力宣传诚实守信的重要性，在全社会营造“诚信光荣、失信可耻”的良好氛围。

6.4 提高公司管理债务期限结构的意识和决策水平

由于外部宏观环境的约束及企业自身原因，目前我国企业对债务期限优化搭配的意识还不强，债务期限结构严重偏离最优状态，企业处于较大的违约风险之中，且投资效率低下。2007 年十届全国人大五次会议提出要加快我国资本市场发展尤其是债券市场的发展，为我国企业拓宽融资渠道，这将大大改善企业的外部融资环境，但同时，债券市场的发展也会考验企业管理层的债务结构的决策水平。决策的好坏将直接影响企业的生存和发展，对债务期限结构的优化应该引起公司决策层的足够重视。

提高公司债务期限结构的管理意识和决策水平比较有效的方法是把债务期限结构管理固化为公司的内部制度。因此，政府应进一步完善上市公司治理准则，督促公司在董事会之下建立债务决策委员会，与公司已有的提名委员会、投资委员会、薪酬委员会、人力资源委员会、法律委员会、审计委员会等共同构成公司的内控制度体系，这些委员会由现有各部门成员组成，并最终对董事会负责，对公司的重大决策首先要获得专业决策机构的认可，然后提交董事会讨论通过，从制度上保证决策的科学性。

此外，加强公司管理人员的相关知识培训亦有利于提高公司债务管理意识和决策水平，下面是本书提出的公司债务期限结构决策的几条参考原则：

（1）债务期限结构决策要充分考虑资产负债率。当负债比率较高时，公司应该适当提高长期债务比例；反之，则应增加短期债务的使用。负债比率是公司偿债能力的一个重要指标，它在很大程度上影响公司财务灵活性，较高的负债比率会给公司带来较大的财务风险，而长期债务相对于短期债务而言，它使公司现时所面临的破产风险较小，使公司有更多的便利调整财务结构和经营状况以规避风险。因此，当公司负债比率较高时，适当延长债务期限可以降低公司破产风险；相反，当负债比率较低时，公司有较多的剩余负债能力，可以应对突发事件，此时，可以较多举借短期债务，以节约融资成本和代理成本。

（2）结合资产期限和波动性来进行债务期限结构决策。资产期限与债务期限相匹配是目前企业使用最普遍的债务期限结构决策方法，它既可以避免由于资产期限长于债务期限而使到期债务没有足够现金流偿还的风险，又可以避免资产期限短于债务期限而导致债务资金使用低效率。因此，这一原则在企业中应该继续得到贯彻。

但是在实际中，诸如信息不对称、税收、交易成本等这些市场不完备因素以及多变的宏观环境使得资产的现金流和清算价值在不断变化，资产期限本身在期初是无法完全确定下来的，期限匹配原则是很难实施的，因此，单纯运用期限匹配原则不足以解决债务期限结构决策问题。资产价值波动性在债务期限结构决策中应引起足够的重视。

资产价值波动主要缘于营业现金流波动、股价波动、信用级别变动等因素的影响，它与时间长度成正比：时间越长，资产价值低于破产临界值的概率就越大。因此，举借长期债务的企业的违约可能性就越大，一旦被外界预期资不抵债，就会陷入巨大的财务危机。不仅如此，资产价值波动较大的企业举借长期债务所付出的代理成本和融资成本也是高昂的。而短期债务更易与企业经营行为相配合，可以较好地熨平企业现金流的波动，从而在一定程度上降低融资成本和违约风险。

因此，对于资产价值波动较大的企业，例如，新兴行业企业，长期资金来源可以依靠股权融资，而债务融资应多用短期债务。而对于资产价值波动较小的企业，例如，成熟行业企业，由于其现金流稳定，所面临的未来不确定性较小，所以企业举借长期债务所付出的代理成本和融资成本相对较小；同时，可以很好地利用长期债务避免债权人无效率清算的优势，所以，资产价值波动小的企业适当提高长期债务比例是合理的。

（3）结合行业特点来进行债务期限结构决策。行业特点包括多项内容：行业种类、行业生命周期阶段、行业市场结构、行业需求和成本的波动等。行业种类、行业生命周期阶段、行业需求和成本的波动最终可以归结为上文已论述过的资产期限和资产价值波动的问题。这里着重讨论一下市场结构对债务期限结构决策的影响。在寡头垄断行业，公司使用过多的短期债务虽然可以降低融资成本，但是却增加了再融资风险，一旦被竞争对手抓到薄弱环节或薄弱时机，再融资风险就会迅速扩大，引发经营风险，从而使企业陷入财务危机。而长期债务不仅可以较好地回避上述风险，而且有利于寡头企业扩大生产规模、进行技术更新改造，增强它的持续竞争优势。因此，寡头垄断企业适当提高长期债务比例是合理的，行业的市场集中程度应与企业的长期债务比例呈正相关。

债务期限结构优化决策是一项复杂工程，本书认为总的原则是，企业总体债务应由多种期限的债务构成，使它们形成一个梯队，并根据企业自身特点及外部环境在这些不同期限债务上分配合理的比例，以保证企业持有平稳的营运现金流，降低企业的综合资金成本。

6.5 本章小结

关于公司短期债务主导型债务期限结构，在微观层面上，它加大了公司的财务风险，扭曲了公司的投资行为，降低了公司价值；在宏观层面上，它弱化了金融信用体系，降低了资金配置效率，易引起经济金融危机。本章在前几章研究的基础上，从以下几个方面提出了债务期限结构优化的对策建议：

一是大力发展债券市场、融资租赁业，拓宽长期债务资金的融资渠道。

二是加快利率市场化改革、积极发展咨询服务业，完善债务合理定价的外部环境。

三是加强社会信用体系建设，完善《公司法》《破产法》的相关内容，建立有限责任例外制度、债权人自治制度和从属公司债权人保护制度，以有效保护债权人权益。

四是进一步完善上市公司治理结构准则，督促公司在董事会下设立债务决策委员会，加强管理人员的债务管理知识培训，从而提高公司进行债务期限结构管理的意识和决策水平。

第7章 结论与展望

7.1 主要结论

长期以来我国上市公司债务融资中短期负债居主导地位，约占总负债的86%（扬世坤，2004），与法国、德国、英国、美国等发达国家公司的40%、43%、53%和28%相比明显偏高（雷森，2004；肖作平，2005），这种债务期限结构的成因是什么，它会产生怎样的后果，治理的措施是什么？对上述问题的探索与分析构成了本书的主要内容。在对现有文献研究的基础上，本书运用“期权理论”和“或有债权”分析法构建理论模型，并利用上市公司数据进行多个实证分析，对我国公司债务期限结构的成因、后果和相应的治理措施做了较为深入的分析论证。

受宏观环境约束，目前我国公司对债务期限进行优化搭配的条件和意识还不足，债务期限结构偏离最优状态，企业有较大的违约风险，且投资非效率问题突出，本书结论如下。

7.1.1 关于我国上市公司短期债务主导型债务期限结构成因的结论

公司自身特点、行业条件和宏观制度环境对我国债务期限结构都有影响，目前我国上市公司短期债务比例偏高的状况是企业和债权人博弈的结果，是对目前我国利率化程度不高、债券市场不发达、破产机制不完善等宏观环境的反映。

一是公司自身特点的影响：我国上市公司债务期限与盈利能力、负债比率、公司规模呈正相关，而与成长性呈负相关，这符合代理成本假说的理论预期，表明缓解债务人与债权人的代理冲突是目前我国公司债务期限决策的主要影响因素。我国公司短期债务比例偏高正是公司和债权人博弈的结果，是对现有经济、法律制度的反映。当债权人预期在现有的宏观环境下资金的安全性得不到有效保障，或者是债务人认为举借长期债务的代理成本较高时，缩短债务期限对双方来说则是降低融资成本和信贷风险的有效手段。因此，我国公司短期债务比例偏高是企业和债权人在目前宏观环境下博弈的结果。

二是行业条件的影响：我国上市公司短期债务比例与市场集中度、产品差异度呈负相关，而与行业需求、成本的变动呈正相关，反映了在目前融资环境下，公司利用长期债务参与市场竞争的条件和意识还不足，短期债务被较多地使用以满足资金流动性需求。

三是宏观制度环境的影响：利率决定机制、利率期限结构以及金融、税收、法律制度等宏观变量对公司债务期限结构确有显著影响。①利率市场化后，企业尤其是中小企业的债务水平有明显的提高，同时金融机构在利率市场化初期出于审慎的原则在增加放贷资金的同时压缩了放贷期限；②利率市场化后，债务期限与资产期限相匹配的原则得到了更好的贯彻，企业对资金的过度需求得到了一定程度的遏制，表明企业的融资行为更趋理性；③利率期限结构变量与债务期限呈负相关，表明融资成本是企业债务期限决策比较关注的问题；④国内生产总值、通货膨胀、利率对企业的负债水平有显著影响，但是对债务期限的影响不显著，反映了企业对资金获得性的关注超过对期限的关注，融资渠道不够丰富；⑤发达而完善的经济、法律体系以及社会服务组织有利于公司获得长期债务资金，优化债务期限结构。

7.1.2 关于我国上市公司短期债务主导型债务期限结构所引起后果的结论

公司的短期债务融资比例过高会给公司自身价值及金融系统安全带来不良后果：在微观层面上，它加大了公司的财务风险，扭曲了公司的投资行为，降低了公司价值；在宏观层面上，它弱化了金融信用体系，降低了资金配置效率，易引起经济金融危机。本书着重从违约风险、投资效率两方面探讨了短期债务主导型债务期限结构对公司价值和金融系统风险造成的影响。

一是公司债务期限结构与违约风险的关系。①在资产风险水平、负债比率等因素一定的情况下，短期债务比例与违约风险呈类“U”形关系，即随着短期债务比例的提高，公司的违约概率先降后升，即基于风险规避角度的最优债务期限结构是存在的。②最优短期债务比例与资产风险水平呈正相关，与负债比率呈负相关。这对企业的启示是，当资产风险较大时，公司应适当提高短期债务比例以降低财务风险；当负债比率较大时，公司应适当提高长期债务比例以降低财务风险。③实证结果表明，目前我国上市公司短期债务比例与违约概率呈正相关，继续提高短期债务比例会使公司的违约概率进一步增加，一旦出现普遍性的经济悲观预期或经济受到外国经济、金融危机的冲击，企业的再融资渠道受到阻隔，潜在的违约风险就转化为现实破产风险，从而引发银行坏账增加、社会信用体系脆弱等连锁反应，造成金融危机和经济的长期萧条。

二是公司债务期限结构与投资效率的关系。①债务期限结构与投资效率之间不是简单的线性关系，它们的关系在很大程度上依赖项目风险水平。对于中等风险项目而言，过高的短期债务比例促使公司过度投资，而过高的长期债务比例会引起投资不足；对于高风险项目而言，过高的长期债务比例和短期债务比例都会引起过度投资；对于低风险项目而言，过高的短期债务比例和长期债务比例都会引起投资不足。②投资非效率“程度”与短期债务比例呈类“U”形关系，即债务期限结构较为均衡时，投资扭曲的情况较小。

③就我国上市公司而言，短期债务主导型债务期限结构使得公司在面对较高和中等风险项目时表现出较高的过度投资倾向，而面对低风险项目时，则表现出较高的投资不足倾向。④我国上市公司短期债务比例与投资非效率“程度”呈显著正相关。因此，我国上市公司目前的债务期限结构是不合理的，不利于提升公司价值。

7.1.3 政策建议

经过对公司债务期限结构成因、后果的分析论证，本书提出以下债务期限结构的优化对策建议：①政府应大力发展债券市场、融资租赁市场，使公司拥有更为便利的长期债务资金的融资渠道；②加快利率市场化改革，积极发展信息咨询服务业，为债务合理定价创造良好的外部环境；③加强社会信用体系建设，完善《公司法》《破产法》的相关内容，建立有限责任例外制度、债权人自治制度和从属公司债权人保护制度，从而有效保护债权人权益；④进一步完善上市公司治理准则，督促公司在董事会下设立债务决策委员会，提高公司进行债务期限结构管理的意识和决策水平。

7.2 研究局限

由于研究能力的限制，再加上数据获得的困难性，本书的研究还存在一些不足之处，主要表现在以下方面：

没有构建包含宏观、行业及公司特点等变量在内的债务期限结构优化决策模型。

没有研究股权分置改革对公司融资行为的影响。股权分置改革与公司债务结构安排可能存在一定的关系，笔者也试图对此问题进行研究，但是因为样本年度数据太少，回归结果不显著，得不到有意义的结论，这可以作为未来研究方向。

公司债务期限结构的影响因素及造成的后果不止本书所提到的这些内容，笔者研究的内容只是该课题所涉及丰富内容的一个组成部分，没有穷尽所有相关问题。

7.3 进一步研究展望

债务融资是企业重要的财务决策行为，债务期限则是债务契约的重要内容，债务期限结构的选择是构成企业资本结构决策整体所必要的部分。在微观层面它会影响公司价值，在宏观层面它会影响到金融系统的稳定，因此它是一个非常值得关注的课题。目前，国内大量文献还是集中在债务水平的研究，对更加细致的债务结构特征，例如，回购权、偿债基金、债务期限结构、债务优先权结构等研究甚少，这些是构成债务契约的重要内容。随着我国债券市场的快速发展，对这些内容的研究意义就会越来越突出。

本书以中国上市公司的债务期限结构为研究对象，以债务期限结构的理论作为切入点，从制度环境、行业条件和企业自身特征三个方面分析了影响我国上市公司债务期限结构的因素，对我国上市公司短期债务比例偏高的状况所可能造成的后果进行了深入研究，并在此基础上提出了优化我国上市公司债务期限结构的几点建议。尽管本书试图较为系统地研究我国上市公司债务期限结构决策行为，但是该课题仍有进一步研究的空间和价值。未来的研究方向如下：

本书研究的债务期限结构是一个存量概念，未来的研究可以更多地关注债务增量部分的期限搭配问题。增量部分的债务期限决策除了要考虑增量部分的风险、成本，还要考虑它与企业现有整体债务期限结构融资风险和融资收益的相互作用，研究增量债务期限决策就是要研究债务结构决策的动态化过程，这是一个很有意义且极富挑战的领域。

把债务期限结构与债务所有权结合起来研究。不同的债权所有人在偿债要求、监督能力、风险偏好等方面是不同的，他们对借出资金期限的偏好也是不同的，结合债权人特点研究债务期限结构将使该课题的内容更丰富。

把债务期限结构与债务契约中的回购条款、偿债基金要求、再举债限制等内容结合起来研究。债务契约中的各项条款直接决定着企业债务融资成本，影响其未来发展前景，因此企业需综合考虑负债水平、负债期限、偿债基金及其他各项契约条款，以合理的价格融通资金。随着我国债券市场的发展，结合债务融资理论对债务契约条款进行深入研究具有重要的现实意义。

参考文献

［1］胡援成，王艳．上市公司债务期限结构影响因素的统计检验［J］．统计与决策，2017（20）：184-188.

［2］何畅，王骁羿．上市公司债务期限结构及其调整速度影响因素研究［J］．财经问题研究，2019（3）：68-74.

［3］毕达．上市公司债务期限结构影响因素的实证研究［J］．统计与管理，2020，35（7）：65-68.

［4］江轩宇，贾婧，刘琪．债务结构优化与企业创新：基于企业债券融资视角的研究［J］．金融研究，2021（4）：131-149.

［5］戴静，刘贯春，张建华．债务期限结构、政府补贴援助与企业技术升级［J］．国际金融研究，2021（11）：33-42.

［6］王秀霞，何雪锋．资本市场、债务期限结构对商贸流通企业经营绩效的影响效应［J］．商业经济研究，2021（5）：172-175.

［7］向古月，周先平，刘仁芳．经济政策不确定性、债务短期化与财务脆弱性［J］．统计与决策，2020，36（20）：131-135.

［8］爱德华·肖．经济发展中的金融深化［M］．王巍，等，译．北京：中国社会科学出版社，1989.

［9］巴曙松．央行贷款利率上限取消的改革意义［EB/OL］．http：//www. people. com. cn/GB/jingji/1040. html.

［10］陈维云，张宗益．对资本结构财务影响因素的实证研究［J］．财经理论与实践，2002（1）：76-79.

［11］陈松男．金融工程学［M］．上海：复旦大学出版社，2002.

［12］陈耿，周军．企业债务融资结构研究：一个基于代理成本理论的理

论分析 [J]. 财经研究，2004 (2)：58-65.

[13] 迪克希特，平迪克. 不确定条件下的投资 [M]. 朱勇，黄立虎，等，译. 北京：中国人民大学出版社，2002.

[14] 方洪全，曾勇. 银行信用风险评估方法的实证研究 [J]. 金融研究，2004 (1)：62-69.

[15] 冯根福. 中国公司治理基本理论研究的回顾与反思 [J]. 经济学家，2006 (3)：13-20.

[16] 郭鹏飞，孙培源. 资本结构的行业特征：基于中国上市公司的实证研究 [J]. 经济研究，2003 (5)：66-73，93.

[17] 古扎拉蒂. 计量经济学基础 [M]. 费剑平，孙春霞，等，译. 北京：中国人民大学出版社，2005.

[18] 胡爱军，熊正德，谢赤. 债务期限结构影响因素分析及实证检验 [J]. 统计与决策，2006 (6)：96-99.

[19] 胡跃红，郑震. 我国上市公司资本结构影响因素的实证分析 [J]. 统计与决策，2005 (4)：103-105.

[20] 黄少安，张岗. 中国上市公司股权融资偏好分析 [J]. 经济研究，2001 (11)：12-20，27.

[21] 江乾坤，宋玉华. 中国民营上市公司债务结构与经营绩效的相关性研究 [J]. 技术经济，2005 (5)：30-32.

[22] 蒋殿春. 中国上市公司资本结构和融资倾向 [J]. 世界经济，2003 (7)：43-53，80.

[23] 兰艳泽. 对我国上市公司债务约束功效的实证检验和分析 [J]. 中央财经大学学报，2005 (10)：76-80.

[24] 雷森，李传昭，李奔波. 我国上市公司债务期限结构实证分析 [J]. 统计与决策，2005 (6)：88-89.

[25] 李映照，陈妮娜. 我国制造业上市公司资本结构的影响因素研究 [J]. 统计与决策，2005 (20)：3.

[26] 李文耀，徐绪松. 基于面板数据的企业资本结构影响因素实证分析

[J]. 武汉大学学报，2004（7）：432-436.

[27] 李武. 我国市场调查与咨询服务业发展状况 [J]. 中国统计，2004（6）：2.

[28] 罗纳德·I. 麦金农. 经济发展中的货币与资本 [M]. 卢骢，等，译. 上海：上海人民出版社，1997.

[29] 吕长江，韩慧博. 上市公司资本结构特点的实证分析 [J]. 南开管理评论，2001（5）：26-29.

[30] 李子奈. 高等计量经济学 [M]. 北京：清华大学出版社，2000.

[31] 刘志彪，姜付秀，卢二坡. 资本结构与产品市场竞争强度 [J]. 经济研究，2003（7）：60-67，91.

[32] 刘昌国. 公司治理机制、自由现金流量与上市公司过度投资行为研究 [J]. 经济科学，2006（4）：50-58.

[33] 刘星，杨亦民. 融资结构对企业投资行为的影响：来自沪深股市的经验证据 [J]. 预测，2006（3）：33-37.

[34] 李胜楠，牛建波. 上市公司负债水平与投资支出关系的实证研究 [J]. 证券市场导报，2005（3）：44-48.

[35] 罗丹阳，宋建江. 私营企业成长与融资结构选择 [J]. 金融研究，2004（10）：120-127.

[36] 梁琪. 企业信用风险的量化度量研究 [J]. 南开经济研究，2000（6）：54-59.

[37] 马胜杰. 从国际经验看中国的利率市场化改革 [J]. 世界经济，2001（5）：56-60.

[38] 马九杰，郭宇辉，朱勇. 县域中小企业贷款违约行为与信用风险实证分析 [J]. 管理世界，2004（5）：58-66，87.

[39] 梅丹. 我国上市公司固定资产投资规模财务影响因素研究 [J]. 管理科学，2005（10）：7.

[40] 平新乔，范瑛，郝朝艳. 中国国有企业代理成本的实证分析 [J]. 经济研究，2003（11）：42-53，92.

[41] 任佩瑜，余伟萍，杨安华．基于管理熵的中国上市公司生命周期与能力策略研究 [J]．中国工业经济，2004 (10)：76-82.

[42] 任兆璋，李鹏．流动性风险对可违约债券信用利差期限结构的影响 [J]．系统工程理论方法应用，2006 (3)：251-255.

[43] 石晓军，陈殿左．债权结构、波动率与信用风险 [J]．财经研究，2004 (9)：24-32.

[44] 苏金明，阮沈勇．MATLAB 实用教程 [M]．北京：电子工业出版社，2005.

[45] 苏东水．产业经济学：第 2 版 [M]．北京：高等教育出版社，2005.

[46] 寿玉琴．利率市场化对我国企业融资影响的若干探析 [J]．数量经济技术经济研究，2002 (7)：33-36.

[47] 孙铮，刘凤委，李增泉．市场化程度、政府干预与企业债务期限结构：来自上市公司的经验证据 [J]．经济研究，2005 (5)：52-63.

[48] 孙丽英．债务期限与融资决策 [D]．北京：中国社会科学院，2005.

[49] 谭斌．企业融资方式与投资效率的相关性研究 [D]．广州：暨南大学，2004.

[50] 唐小岸，孟庆福．上市公司信用评价模型：二元因变量模型的应用 [J]．预测，2002 (2)：39-43.

[51] 唐国正，刘力．利率管制对我国上市公司资本结构的影响 [J]．管理世界，2005 (1)：50-58.

[52] 童盼．负债融资、负债来源与企业投资行为 [J]．经济研究，2005 (5)：75-84，126.

[53] 伍德里奇．计量经济学导论 [M]．张成思，李红，等，译．北京：中国人民大学出版社，2003.

[54] 伍利娜，陆正飞．企业投资行为与融资结构的关系 [J]．管理世界，2005 (4)：99-105.

[55] 王刚，秦捷．公司债务期限结构影响因素的实证分析 [J]．财会通讯（学术版），2006 (12)：110-113.

[56] 汪辉. 上市公司债务融资、公司治理与市场价值 [J]. 经济研究, 2003 (8): 28-35, 91.

[57] 万朝领, 等. 上市公司的外部资金来源问题研究: 上市公司的资本结构与融资成本问题的实证研究 [J]. 上证研究, 2001 (3).

[58] 吴世农, 卢贤义. 我国上市公司财务困境的预测模型研究 [J]. 经济研究, 2001 (6): 46-55, 96.

[59] 肖作平. 资本结构影响因素和双向效应动态模型: 来自中国上市公司面板数据的证据 [J]. 会计研究, 2004 (2): 36-41.

[60] 向朝进, 谢明. 我国上市公司绩效与公司治理结构关系的实证分析 [J]. 管理世界, 2003 (5): 117-124.

[61] 许东江. 中国居民、银行、企业对利率市场化的理性反应: 利率市场化发挥积极效应的一种思路 [J]. 世界经济, 2002 (5): 69-75.

[62] 袁增霆, 毛振华. 公司债券与资本市场融资结构的调整 [J]. 经济学动态, 2004 (10): 36-38.

[63] 袁卫秋. 上市公司债务期限结构与经营业绩关系的实证研究 [J]. 河北经贸大学学报, 2006 (4): 73-81.

[64] 虞慧晖, 贾婕. 企业债务与产品市场策略: 基于中国上市公司的实证研究 [J]. 数量经济技术经济研究, 2005 (3): 46-54.

[65] 朱武祥, 陈寒梅, 吴迅. 产品市场竞争和财务保守行为: 以燕京啤酒为例的分析 [J]. 经济研究, 2002 (8): 28-36, 93.

[66] 扬世坤. 上市公司债务结构、问题及改进 [J]. 会计之友, 2004 (11): 11-12.

[67] 张庆华, 张关心. 我国上市公司资本结构影响因素的实证分析 [J]. 商业经济, 2005 (1): 56-59.

[68] 张祥建, 徐晋. 股权再融资与大股东控制的"隧道效应" [J]. 管理世界, 2005 (11): 127-136, 151.

[69] 张峥, 孟晓静, 刘力. A股上市公司的综合资本成本与投资回报: 从内部报酬率的视角观察 [J]. 经济研究, 2004 (9): 74-84.

[70] 张先治，袁克利. 公司治理财务契约与财务控制 [J]. 会计研究，2005 (11)：21-25，96.

[71] 郑军. 利率改革影响中小企业融资 [EB/OL]. http：//www. biz-man. cn/2005/2-2/214342. html.

[72] 周孝坤. 上市公司债务期限结构影响因素实证研究 [J]. 上海金融，2006 (11)：45-48.

[73] 赵蒲，孙爱英. 财务保守行为：基于中国上市公司的实证研究 [J]. 管理世界，2004 (11)：109-118，156.

[74] 吴卫星，刘细宪，钟腾. 政府和社会资本合作对企业债务期限结构的影响：来自中国上市公司的微观证据 [J]. 系统工程理论与实践，2020，40 (6)：1545-1556.

[75] 曾爱民，魏志华. 融资约束、财务柔性与企业投资——现金流敏感性：理论分析及来自中国上市公司的经验证据 [J]. 财经研究，2013 (11)：48-58.

[76] 张伟，王海洋. 债务期限保证作用的传导机制研究 [J]. 经济管理，2013 (7)：104-111.

[77] 郭威，郑子龙. 专有技术转让、融资成本差异与 PPP 最优股权架构：来自发展中国家的实证研究 [J]. 世界经济研究，2018 (12)：96-114.

[78] 施先旺，李志刚，刘拯. 分析师预测与上市公司审计收费研究：基于信息不对称理论的视角 [J]. 审计与经济研究，2015 (3)：39-48.

[79] 朱太辉，等. 如何协调推进稳增长和去杠杆？——基于资金配置结构的视角 [J]. 管理世界，2018 (9)：25-32.

[80] AIVAZIAN V A，GE Y QIU J. Debt maturity structure and firm investment [J]. Financial management，2005，34 (4)：107-119.

[81] AMEER R. Financial liberalization and capital structure dynamics in developing countries：Evidence from emerging markets of south east Asia [R]. SSRN Working Paper，2003.

[82] ANTONIOS ANTONIOU，YILMAZ GUNEY，KRISHNA PAUDYAL.

The determinants of corporate debt maturity structure [R]. SSRN Working Paper University of Durham, University of Surrey, University of Durham, 2002.

[83] AYARI S, BENNACEUR S. Does financial liberalization spur tunisian banking industry efficiency? [R]. SSRN Working Paper, 2005.

[84] BAKERA M, GREENWOODA R, WURGLER B J. The maturity of debt issues and predictable variation in bond returns [J]. Journal of financial economics, 2003 (70): 261-291.

[85] BARAJAS A, STEINER R, SALAZAR N. The impact of liberalization and foreign investment on Columbia's financial sector [J]. Journal of development economics, 2000 (63): 157-196.

[86] BARCLAY M, SMITH C. The maturity structure of corporate debt [J]. Journal of finance, 1995 (50): 609-631.

[87] BARCLAY M J, MARX L M, et al. The joint determination of leverage and maturity [J]. Journal of corporate finance, 2003 (9): 149- 167.

[88] BARNEA A, HAUGEN R, SENBET L. A rational for debt maturity structure and call provisions in the agency theoretic framework [J]. Journal of finance, 1980 (35): 1223-1234.

[89] BLACK F, SCHOLES M. The pricing of options and corporate liabilities [J]. Journal politics economy, 1973 (81): 637-659.

[90] BOOTH L, AIVAZIAN V, DEMIRGUC - KUNT A, et al. Capital structures in developing countries [J]. Journal of finance, 2001 (56): 87-130.

[91] BOYCE W, KALOTAY A. Tax differentials and callable bonds [J]. Journal of finance, 1979 (34): 825-838.

[92] BRANDER J A, LEWIS T R. Oligopoly and financial structure: The limited liability effect [J]. American economic review, 1986 (76): 956-970.

[93] BOYLE G W, GUTHRIE G A. Investment, uncertainty, and liquidity [J]. The journal of finance, 2003 (58): 2143-2171.

[94] BRICK IVAN E, RAVID S. Interest rate uncertainty and the optimal

debt maturity structure [J]. Journal of financial and quantitative analysis, 1991, 26 (1): 63-81.

[95] CAPRIO, GERARD, J R, DEMIRGÜÇ-KUNT A. The role of long-term finance: Theory and evidence [R]. SSRN Working Paper, The World Bank, 1998.

[96] CONSTANTINIDES, GEORGE M. Capital market equilibrium with personal tax [J]. Econometrica, 1983 (51): 611-636.

[97] CHILDSA P D, MAUERB D C, OTTC S H. Interactions of corporate financing and investment decisions: The effects of agency conflicts [J]. Journal of financial economics, 2005 (76): 667-690.

[98] DATTA S, ISKANDAR-DATTA M, RAMMAN K. Managerial stock ownership and the maturity structure of corporate debt [J]. The journal of finance, 2005, 60 (5): 2333-2350.

[99] DEANGELO H, MASULIS R. Optimal capital structure under corporate and personal taxation [J]. Journal of financial economics, 1980 (8): 3-29.

[100] DEMIRGUC-KUNT A, MAKSIMOVIC V. Funding growth in bank-based and market-based financial systems: Evidence from firm-level data [J]. Journal of financial economics, 2002 (65): 161-165.

[101] DEMIRGÜÇ-KUNT, A, MAKSIMOVIC V. Institutions, financial markets, and firm debt maturity [J]. Journal of financial economics, 1999 (54): 295-336.

[102] DENNIS S, NANDY D, SHARPE I G. The determinants of contract terms in bank revolving credit agreements [J]. Journal of financial and quantitative analysis, 2000 (35): 87-110.

[103] DIAMOND, DOUGLAS W. Debt maturity structure and liquidity risk [J]. Quarterly journal of economics, 1991 (106): 709-737.

[104] DUFFIE D, SINGLETON K. Modeling term structures of defaultable bond [J]. Review of financial studies, 1999 (12): 687-720.

[105] ELYASIANI E, GUO L, TANG L. The determinants of debt maturity at issuance: A system-based model [J]. Review of quantitative finance accounting, 2002 (19): 351-377.

[106] EMERY G W. Cyclical demand and the choice of debt maturity [J]. Journal of business, 2001 (74): 557-590.

[107] EROL T. Strategic debt with diverse maturity in developing countries [R]. SSRN Working Paper, 2005.

[108] FLANNERY M. Asymmetric information and risky debt maturity structure [J]. Journal of finance, 1986 (41): 19-38.

[109] FREDERICK C S, HEATHER M, H. The debt maturity structure of small firms [J]. Financial management, 2001, 30 (1): 85-112.

[110] GELOS G, WERNER A. Financial liberalization, credit constraints, and collateral: Investment in the mexican manufacturing sector [J]. Journal of development economics, 2002 (67): 1-27.

[111] GIANNETTI M. Do better insitutions mitigate agency problems? Evidence from corporate finance choices [J]. Journal of financial and quantitative analysis, 2003 (38): 185-212.

[112] GILSON S, KOSE J, LARRY L. Troubled debt restructurings: An empirical study of private reorganization of firms in default [J]. Journal of financial economics, 1990 (27): 315-353.

[113] GLAZER, JOCOB. The strategic effects of long-term debt in imperfect competition [J]. Journal of economic theory, 1994 (62): 428-443.

[114] GOSWAMI G, NOE T, REBELLO M. Debt financing under asymmetric information [J]. Journal of finance, 1995, 50 (2): 633-659.

[115] GOSWAMI G, NOE T, REBELLO M. Cash flow and debt maturity [J]. Economica, 1997 (64): 303-316.

[116] GREEN R C, TALMOR E. Asset substitution and the agency costs of debt financing [J]. Journal of banking and finance, 1986 (10): 391-399.

[117] GREEN R C. Investment incentives, debt, and warrants [J]. Journal of financial economics 1984 (13): 115–136.

[118] GUEDES J, OPLER T. The determinants of the maturity structure of corporate debt issues [J]. Journal of finance, 1996 (51): 1809–1833.

[119] HARRIS M, RAVIV A. Capital structure and the informational role of debt [J]. Journal of finance, 1990, 45 (2): 321–349.

[120] HART, OLIVER, JAMES MOORE. Debt and seniority: An analysis of the role of hard claims in constraining management [J]. The American economic review, 1995 (85): 567–585.

[121] HARWOOD E, MANZON G B. Tax clienteles and debt maturity [J]. Journal of the American taxation association, 2000 (22): 22–39.

[122] HOUSTON, JOEL F, VENKATARAMAN S. Optimal maturity structure with multiple debt claims [J]. The journal of financial and quantitative analysis, 1994, 29 (2): 179–197.

[123] JARAMILLO F. SCHIANTARELLI F., WEISS A. The effect of financialliberalization on the allocation of credit: Panel data evidence for Ecuador [R]. World bank policy research working papers WPS 1092, 1992.

[124] JENSON M C. Agency cost of free cash flow, corporate finance, and takeover [J]. American economic review, 1986, 76 (2): 323–329.

[125] JENSON M C, MECKLING W H. Theory of the firm: Managerial behavior, agency costs, and ownership structure [J]. Journal of financial economics, 1976 (3): 305–360.

[126] JOHNSON S A. Debt maturity and the effects of growth opportunities and liquidity risk on leverage [J]. The review of financial studies, 2003, 16 (1): 209–236.

[127] JUN SANG–GYUNG, JEN FRANK C. Trade–off model on debt maturity structure [J]. Review of quantitative finance and accounting, 2003 (20): 5–34.

[128] KALE J R, NOE T H. Risky debt maturity choice in a sequential equilibrium [J]. Journal of financial research, 1990 (13): 155-165.

[129] KANE A, MARCUS A J, McDonald R L. Debt policy and the pate of return premium to leverage [J]. Journal of financial and quantitative analysis, 1985 (20): 479-499.

[130] KANATAS G, Qi JIANPING. Imperfect competition, agency, and financing decisions [J]. The journal of business, 2001, 74 (2): 307-338.

[131] KEE H. CHUNG et al. Corporate governance and market valuation of capital and R&D investments [J]. Review of financial economics, 2003 (12): 161-172.

[132] KOO J, SHIN S. Financial liberalization and corporate investments: Evidence from Korean firm data [J]. Asian economic journal, 2004 (18): 277-292.

[133] KRAUS A. The bond refunding decision in an efficient market [J]. Journal of financial and quantitative analysis, 1973 (8): 783-796.

[134] LA PORTA R, LOPEZ-DE-SILANES F, SHLEIFER A, et al. Law and finance [J]. Journal of political economy, 1998 (106): 1113-1155.

[135] LAEVEN L. Does financial liberalization reduce financing constraints? [J]. Financial management, 2003 (32): 5-34.

[136] LELAND, H. Agency costs, risk management, and capital structure [J]. Journal of finance, 1998 (53): 1213-1243.

[137] LEWELLEN W, MAUER D C. Tax option and corporate capital structure [J]. Journal of financial and quantitative analysis, 1988 (23): 387-400.

[138] LEWIS C. A Multi-period theory of corporate financing policy under taxation [J]. Journal of financial and quantitative analysis, 1990 (25): 25-43.

[139] MARR M W, OGDEN J P. Market imperfections and the choices of maturity and call provisions in corporate debt [J]. Journal of business Research, 1989 (19): 17-31.

[140] MERTON R C. On the pricing of corporate debt: The risk structure of interest rates [J]. Journal of finance, 1974 (29): 449-470.

[141] MICHAEL P., AARSTOL. Inflation and debt maturity [J]. The quarterly review of economics and finance, 2000 (40): 139-153.

[142] MITCHELL K. The debt maturity choice: An empirical investigation [J]. Journal of financial research, 1993 (16): 309-320.

[143] MORRIS, JAMES R. A model for corporate debt maturity decision [J]. Journal of financial and quantitative analysis, 1976 (11): 339-357.

[144] MYERS. Determinants of corporate borrowing [J]. Journal of financial economics, 1977 (5): 147-175.

[145] MYERS S C, RAJAN R G. The paradox of liquidity [J]. Quarterly journal of economics, 1998, 113 (3): 733-771.

[146] NEWBERRY K J, NOVACK G F. The effect of taxes on corporate debt maturity decisions: An analysis of public and private bond offerings [J]. Journal of the American taxation association, 1999 (21): 1-16.

[147] OBSTFELD M. Risk taking, global diversification and growth [J]. American economic review, 1994 (84): 1310-1329.

[148] OUANDLOUS A S, PHILIPPATOS G C. The effect of Japanese financial liberalization on Keiretsu, the main bank system, and Japanese corporate financing: Evidence for 1972-1992 [R]. SSRN Working Paper, 1999.

[149] OZKAN A. An empirical analysis of corporate debt maturity structure [J]. European financial management, 2000 (6): 197-212.

[150] PLESKO G, A. The role of short-term debt in capital structure [R]. SSRN Working Paper, Sloan School of management, massachusetts institute of technology, 2000.

[151] RAJAN R G. Insiders and outsiders: The choice between informed and Arm's length debt [J]. Journal of finance, 1992 (47): 1367-1400.

[152] RAJAN R G, ANDREW W. Debt covenants, collateral, and delega-

ted monitoring [J]. Journal of finance, 1995 (50): 1113-1146.

[153] SARKAR. Illiquidity risk, project characteristics, and the optimal maturity of corporation debt [J]. Journal of finance, 1999 (3): 353-370.

[154] SHOWALTER, DEAN M. Oligopoly and financial structure: A comment [J]. American economic review, 1995 (85): 647-653.

[155] SHOWALTER D M. Strategic debt: Evidence in manufacturing [J]. International journal of industrial organization, 1999 (17): 319-333.

[156] SIREGAR M. Financial liberalization, investment and debt allocation [R]. PhD dissertation, Boston University, 1992.

[157] STIGLIZ J. On the irrelevance of corporate financial policy [J]. American economic review, 1974 (64): 851-866.

[158] STOHS M H, MAUER D C. The determinants of corporate debt maturity structure [J]. Journal of business, 1996 (69): 279-312.

[159] STULZ, RENÉ M. Managerial discretion and optimal financing policies [J]. Journal of financial economics, 1990, 26 (1): 3-27.

[160] SUTO M. Capital structure and investment behavior of malaysian firms in the 1990s: A study of corporate governance before the crisis [J]. Corporate governance, 2003, 11 (1): 25-39.

索　引

C

产品差异化 26

长期债务 2

D

代理成本 1

动态自回归模型 27

独立样本非参数检验 26

短期债务 1

G

固定效应模型 49

过度投资 6

H

或有债权 27

J

竞争战略假说 13

L

利率市场化 20

Logit 的模型 27

S

市场集中度 26

税收假说 11

T

投资不足 2

投资效率 4

W

违约风险 1

违约概率 27

X

协方差分析模型 27

信号传递假说 7

Z

债务期限结构 1

致　谢

经过多年的艰苦努力，在老师、朋友和家人的关心下，我终于完成了此本拙作。感谢我的导师、师门兄弟姐妹的指导和帮助；感谢同事、朋友的关心和支持；感谢我的家人给予的理解和支持；感谢出版社编辑老师的辛苦付出。

王东静

2023 年 6 月